願你擁有一張不好欺負的臉

慕容素衣

瑞昇文化

你年少時的那些朋友呢，是否已經消失在人海？
好久不見，他們都還好吧？

多希望能有那麼一天，我們走在街上，
見到的男男女女都長著一張不好欺負的臉，
笑容越來越開朗，眉目越來越舒展，
即使年華老去，也未曾被歲月磨去稜角。

她不應該完全淪為孩子的附庸，
而是要做孩子旁邊的一棵樹，
根緊紮在土裡，葉相逢在風裡，
每一天都在陽光和清風中相互致意，
一起快樂地成長。

當一個人學會克服自己的攀比欲和虛榮心後，
就會發現人生根本就沒那麼艱難，
你只要在自己的跑道上慢悠悠地跑就好了，
無須理會旁邊的人跑得是快還是慢。

縱然你曾經為愛心碎過，
也永遠不要對愛情失望。
總會有一個人，愛你如生命；
總會有一個人，
讓你能夠原諒之前的生活對你所有的刁難

CHASE
ONE WAY
PACE

姑娘們總是在渴望著有一個人能夠

「免我驚，免我苦，免我四下流離，免我無枝可依」，

卻忘了後面的話是「但那人，我知，我一直知，他永不會來」。

餘生，做一個不吝惜於散發善意的人吧，
哪怕是極其微小的善意，也可以給人帶來真真切切的感動。
你可還記得，你這一生中，曾被誰溫暖過，又曾經溫暖過誰呢？
這些暖意融融的回憶，任何時候拎出來，
都是我們抵抗歲月風霜的最佳手段。

那件叫自我的衣服，我一直穿在身上，
希望你也別丟掉它。

當一個人不再畏懼被他人討厭時，
他的人際關係就從複雜變得簡單，
也就擁有了前所未有的自由。

積極等待是苦心經營後的順其自然，
消極等待則是兩手一攤的不作為。
消極等待者永遠都在等風來，
而勇敢的人會不停攀登，主動去捕捉山頂的風。

總有一天你會明白，只有那些愛你的人才對你的人生有意義，
他們才是你生活的重心。
至於那些不喜歡你的人，他們就是你生命中的一個噴嚏，
無關緊要，對待他們最好的方式當然是遠離。

目錄 CONTENTS

目錄

CONTENTS

目錄 CONTENTS

目錄 CONTENTS

01 願你長著一張不好欺負的臉

我有一個群，群裡的大部分人是自由職業者，忽然有一天，大家聊到從業以來的得失，其中有個95後的插畫師說：「還是一個人單幹好，雖然掙的錢不穩定，也累得像狗一樣，但至少沒那麼多糟心的事了。」

這個小姑娘是從一家國企辭職的，照現在的經濟形勢，國企早已經不再是大家口中的香餑餑了，可好歹也算是個鐵飯碗，在三四線城市是要擠破頭才能謀到一席之地的。可是這家國企存在一定的不正之風。

一起進去的新人有的很快就被這種風氣感染了，熱衷於和領導拉關係，而這個小姑娘卻是個耿直girl，是她分內的工作一定踏踏實實完成，除此之外一概不理。有次飯局上，領導一再勸她喝酒，她硬是不肯從命，從那以後有什麼好事都落不到她頭上，一氣之下她就辭職了，而且是裸辭。

「我是出來工作的，又不是出來賣笑的，搞清楚好嘛！」說起這事，小姑娘至今仍憤憤不平。

小姑娘的一席話打開了大家的話匣子，都開始追憶當初離職的原因，總結起來大致可以用一點來概括，那就是「不想受氣了」。如此看來，目前的整個職場環境實在是不太理想，若想在職場裡混，有時就難免會受幾分冤枉氣。

我當初辭職時，不至於像小姑娘這麼有怨氣，但確實也是對工作環境感到挺失望的。記得有一次，我正準備送爸爸去高鐵站，這時老闆一個電話過來，說有個飯局讓我去參加，我還在猶豫的時候，老爸已經發話了：不用送了，工作要緊。在他們老一輩的人心中就是這樣，工作大過天，生怕給兒女的工作添一點兒麻煩。換作剛出校門時的我，我也許會理直氣壯地把飯局推了，可那時我已經知道，工作不僅是采訪寫稿，更是喝酒吃飯，在某種程度上，後者甚至比前者更重要。於是乎，我只得怏怏作罷。

儘管如此，我在單位的處境和90後的小姑娘沒有任何差別，可能是對領導來說，我們都屬於那種不會討好、不懂示弱的人，用老一輩的話來說，也就是不會來事。有一次，某位老總想讓我幫他捉刀一篇文章，我想也沒想就拒絕了，覺得這有違我做人的原則。他當時沒說什麼，後來就對我由器重轉為冷淡了，然後另一個同事取代了我的位置，因為他不介意替領導當「槍手」。

當大多數人為了升職加薪願意去極力奉承領導時，我們這種人卻往往極力維護著自己脆弱的尊嚴，儘管這尊嚴在很多人看來不值一提。在當前的職場環境中，一個人只要當上領導，就會享受眾星捧月般的待遇。久而久之，沒什麼修養的就開始恃強淩弱，有點兒修養的也會無意識地變得盛氣淩人，覺得小小下屬的生殺大權都掌握在自己手裡。正因如此，才有那麼多人「削尖了腦袋」往上爬，因為一旦多年媳婦熬成婆，就可以任意淩辱他人了。

我現在還記得，部門主任曾不止一次在開會時說：「我們有些同志啊，別太把自己當回事，現在那麼多大學生找不到工作，研究生都要淪落到去賣豬肉，覺得這裡不好，那就走人吧，走了你一個，還有千千萬萬個。」我知道他這話並不是針對某個人，但我聽了就是特別不舒服，覺得在這個單位，連最基本的尊重都沒有。後來他還說過：「某些人啊，以為自己能寫點兒文章就很了不起了，其實吧，出了這道大門，估計連自己都養不活。」這話就明顯是針對我了。我很高興並沒有被他說中，出了那道門之後我把自己養活得挺好。就是這看似不起眼的不爽，累積起來就會讓人覺得這個地方實在待不下去了，所以後來我才會不假思索地辭職走人。

回顧過去的職場生活，我很慶幸自己並沒有為了一些蠅頭小利而放棄自己的原則，也沒有為了能有所謂更好的職位而違背自己的底線。可能有些人覺得這樣做未免有些可惜，但我反而覺得沒什麼不好的，至少，我並沒有因為追求升職加薪而活成自己討厭的那種人。在同齡人中，我算是個異類，因為活得特別自我，不願意去取悅他人，在社會上摸爬滾打多年後，我仍然稜角分明，這點倒是和90後特別像。

知乎上有個熱門話題：「現在的90後是否都不願意討好領導了？」其中有一個高讚的回答是這麼說的：「有個與世隔絕的村子，因環境問題導致所有人都患有腰椎病，大家都直不起腰。幾代之後，人們大都對彎腰低頭習以為常。直到有一天環境突然變好了，新生兒不再患有腰椎病，自然直起了腰板。這時有的老一輩卻反過來質問：為什麼年輕人都不願意彎腰了？努力工作的人原地踏步，溜鬚拍馬之徒升職加薪。這種現象就是一種病，得治。」

這個答主叫小侯飛氘，他憑藉這條回答獲得了四萬多個讚，可見說出了多少人的心聲。馬雲曾說過，員工離職的兩大原因，一是錢沒有給到位，二是心委屈了。對於90後及更年輕一輩的人來說，錢少點兒還可以忍受，心委屈了那是決計不能忍的。所以他們才會敢於對「996」[※1]說不，才會對動輒讓實習生去拿外賣的老闆表示反感。在他們看來，他們和老闆之間的關係是平等的，只是彼此的分工不同而已，鞍前馬後伺候老闆這種事，在他們那裡是不合理的。

這在他們的長輩看來簡直是無法想像的。老一輩的人，如小侯飛氘所說的那樣，幾乎所有人都患有腰椎病，大家都對彎腰低頭習以為常，在他們的心目中，領導的權威是不容冒犯的，弱肉強食的職場潛規則也是不容挑戰的。

難怪陳丹青說，他第一次去美國的時候，大吃一驚，因為他看到街上的男男女女，人人長著一張沒受過欺負的臉。在中國，這樣的臉難得一見，年輕人還稍微好些，上了年紀的人，無不長著一張苦大仇深的臉，看上去就是飽受淩辱的樣子。

幸好現在社會風氣慢慢扭轉了，90後不再像他們的父輩那樣慣於彎腰，以往那種壁壘森嚴的等級制度慢慢地受到了質疑，年輕人出來工作，不僅是為了掙一份薪酬，也為了掙得自己的尊嚴和體面。他們要求的除了過得去的工資，還有平等和尊重。面對這種變化，有些人還不習慣，動輒就指責現在的年輕人受不了委屈，一罵就跳槽。這種指責是毫無意義的，潮水的方向已經在悄悄地改變，與其故步自封，不如擁抱變化，與前輩們相比，90後想要的並不多，他們只不過是想挺起腰杆做人罷了。

當然，等級分明的職場生態形成已久，並不是一朝一夕就能輕易打破的。值得慶幸的是，已經有越來越多的人意識到，這種人欺負人的職場環境是需要改變的，他們也願意為了改變付出相應的代價。我相信，每個人的內心深處都是渴望平等和尊重的，大多數人並不想踐踏他人，更不想被他人踐踏。

對年輕人來說，最美好的祝願莫過於「願你長著一張沒受過欺負的臉」。但以目前的大環境來看，要想完完全全不受一點兒氣、不受一絲欺負還是很難的，我只能祝你們都長著一張不好欺負的臉，在遇上有辱你們尊嚴的人和事時，可以勇敢地說不。套用一句曾經流行的語錄，一切權威都只不過是紙老虎，一戳就破。多希望能有那麼一天，我們走在街上，見到的男男女女都長著一張不好欺負的臉，笑容越來越開朗，眉目越來越舒展，即使年華老去，也未曾被歲月磨去稜角。

※1　996：指九點上班九點下班，工作六天。

02 你當善良，且有鋒芒

有一次我參加一個活動，有個中學生讀者向我提問說：「慕容姐姐，你覺得一個人最可貴的品質是什麼？」這個問題讓我陷入了片刻的沉思，因為在我看來，很多品質都很可貴，比如誠實、守信、謙遜、自強等，但最終，我給出的答案是：「善良。」

「為什麼呢？」對於這個答案，小讀者似乎並不是很滿意。我明白他的意思，在他這個年紀的人看來，這個答案未免有點兒太過稀鬆平常了。正是意氣風發的年紀，大多數人渴望的是奮發圖強，是出人頭地，這個時候如果說你對他的期許是做一個善良的人，他肯定會覺得，這也太尋常了，太簡單了吧！所謂善良，不就是做一個好人，這難道不是世界上最容易的事嗎？怎麼還值得當成目標去追求呢？

老實說，小時候的我也是這麼想的，年紀漸長，慢慢才發現當初的想法實在是太幼稚了。那種認為「善良是很容易」的人，多半是誤會了這個詞的含義。據我瞭解，大多數人對善良存在著以下幾種誤解：

有些人認為，善良就是委屈自己、成全他人。20世紀90年代有一部叫《渴望》的電視劇十分流行，女主角劉慧芳就是這樣一個沒脾氣、好說話的中國式好人，堪稱近三十年影視作品中老好人形象的巔峰。面對丈夫的多情和第三者的入侵，她總是一忍再忍，一退再退，用劇中的原話講，是「委曲求全」，成就他人，可她越退讓，別人就越是得寸進尺。最典型的一幕是，當她撞見丈夫王滬生與初戀女友肖竹心約會，眼看舊情要復燃，對他們的婚姻關係已經造成了威脅時，她什麼也沒說，而是選擇默默跑開，暗自流淚，實在讓人唏噓。

我記得以前看《渴望》的原著，作者王朔對女主角劉慧芳的評價就是「好人，可是無用」。是的，當一個人淪為濫好人時，不僅沒有用，而且會傷害自己。在我看來，劉慧芳式的過分退讓包容不是善良，而是徹頭徹尾的懦弱。

還有些人認為，善良就是唯唯諾諾，一團和氣。這樣的人最擅長做的事就是和稀泥，張三說好，他就跟著說好；李四說不好，他又跟著說不好。他誰都不敢得罪，不願意和任何人發生衝突，為此甚至不惜違背內心的意願去取悅他人。這類人也不是沒有是非觀念，只是他們最怕的就是和他人發生矛盾，所以只能實行「三不」原則：不反對、不拒絕、不憤怒。這並不是善良，而是懦弱，是孔子最反感的那種「鄉願」，他老人家曾義憤填膺地痛斥：「鄉願，德之賊也。」太雞賊的人，和善良是不沾邊的。

還有人覺得善良就是只要心存善意，就能為所欲為。抱有這種想法的人總是喜歡把

「我是為你好啊」、「我是一片好心啊」之類的話掛在嘴邊，彷彿只要有了這個前提，就可以任意地侵入他人的地盤，對他人的生活指手畫腳甚至一手安排。如果你不聽他的，他還覺得挺委屈，因為他認為自己完全是為你著想。恕我直言，這可不是什麼善良，而是赤裸裸的冒犯，我看到的也不是好心，而是滿滿的控制欲。對於這樣的人，你最好離他遠一點兒，免得讓自己的人生落入他人的掌控之中。

最常見的則是那種過於廉價的善意。心存這種善意的人通常是樂於助人的，但前提是，不付出任何代價，包括金錢和精力。他們最喜歡做的善事，就是當在微博或微信朋友圈看到有類似於輕鬆籌、大病求助之類的資訊時，想也不想就隨手轉發，因為這樣做既不用自己掏錢，又滿足了日行一善的心願。至於資訊是否經過核實、來源是否靠譜，他們是不願意去甄別的，因為那樣需要花費精力，怎麼比得上直接轉發來得省時省力。

最可怕的則是那種寬以待己、嚴以待人的道德標兵。他們總是指望別人能做個好人，尤其是對有錢有勢的人懷有非正常的期待，每當哪裡發生了災難，他們的眼睛總是盯著馬雲、馬化騰，生怕人家捐少了。「你那麼有錢，就該多捐點兒」？憑什麼啊？你窮你弱，所以你就有理了？這類人不但喜歡慷他人之慨，還喜歡勸他人寬容，勸他人大度。這哪裡是善良，這分明就是道德綁架！

寫到這裡我不禁想感歎一句：善良啊善良，多少人假你之名，來掩飾自己的怯懦、軟弱和愚昧。善良沒有底線時，就是怯懦；善良缺乏原則時，就是軟弱；善良過於廉價時，就容易淪為愚昧。

善良是很可貴的，但如果不懂得把握善良的分寸，那麼你的善意不僅毫無用處，還會導致對惡的縱容。愛默生有句名言想必你一定聽說過：「你的善良，必須有點兒鋒芒，否則等於零。」所以，想做一個善良的人並不像人們想像的那麼容易，因為這其中的度很難把握。

要成為一個善良且有鋒芒的人，首先需要有充足的勇氣。在如今這個年代，堅持做一個好人尤其需要勇氣，因為做好人的成本太高了，處處面臨著「被坑」的風險。比如，當年的彭宇案，南京一個老太太在街頭摔倒了，彭宇自稱上前扶了一把，結果老太太非說是他推倒了自己。人倒了可以扶，人的心被傷了可就沒那麼容易癒合了。這樣的事情一多，還想堅定地存好心、做好事的人，確實需要莫大的勇氣。

除了敢於行善，你還得擁有敢於說不的勇氣。只有這樣你才能守得住自己的底線和原則，不給他人得寸進尺的機會。濫好人易做，好人卻難做，難就難在不能毫無原則地善良，而是懂得拒絕，懂得適度地保護自己。

要成為一個善良且有鋒芒的人，還需要一定的智慧。亞馬遜CEO傑夫・貝佐斯說過：「聰明是一種天賦，而善良是一種選擇。天賦得來很容易——畢竟它們與生俱來。而選擇卻頗為艱難。選擇善良你需要放棄很多現實的誘惑，而且你得有足夠的聰明才智才知道如何去選擇。」

既然善良是一種選擇，就意味著我們不能將善意平均分配給每個人，你的善良本就非常珍貴，當然只能留給那些值得善待的人，這就要考驗你識人的眼光。既然善良是一種選擇，也就意味著你必須具有明辨是非的能力，具有在繁雜的資訊中甄別的能力，如果光有一顆熱心，卻不具備一雙慧眼的話，即使是好心也常常會辦了壞事。

善良，其實從古至今都是中國人傳承、宣揚的品質，如果要在古代找一個和善良相對應的詞，最貼切的莫過於「仁」了。什麼是仁？孔子說過一句話：「剛毅木訥，近仁。」也就是說，公正的人，秉性剛直；果毅的人，立志堅定；質樸的人，居心篤厚；口拙的人，說話誠實。這四種人，資質純良，是最接近「仁」之道的。

由此推測，仁絕對不是軟弱，因為一個剛直果毅的人，肯定是一個有稜角、有風骨的人，絕不是那種一團和氣、絕不生氣的老好人。

仁，我們可以將其看作一種高級的善良。擁有這種品質的人，不但懂得愛人，而且懂得自愛。這樣的人，內心是柔軟的、溫和的，但他們也有自己的鋒芒。這種鋒芒平時藏得很深，可一旦遇到過分的人和過分的事，就絕不會輕易退讓。

如果一個人善良卻沒有鋒芒，就相當於一個人只有軟肋而沒有盔甲，行走在這世間必然會遍體鱗傷。更可怕的是，無限度的善良，實際上等於在縱容他人作惡，這樣的話，更是助長了壞人的氣焰，澆滅了好人的善意。

而善良一旦長出了「牙齒」，那就等於給自己披上了一身盔甲，捍衛了為善者的體面和尊嚴，也讓我們對這個世界多了一分信心。這至少可以證明善良是足以與邪惡對抗的。當好人變得不再軟弱可欺時，壞人也就無法再在世間橫行無忌了。

我始終相信，善良是人性中所蘊藏的一種最柔軟，但也是最有力量的品質。真正善良的人都具有一種柔軟的力量，整個人從裡到外散發著溫潤如玉的氣質，像從藍田採來的軟玉，摸上去手感柔軟，卻又不失玉的質地和堅硬。柔軟並不是柔弱，真正強大的人，並不是處處鋒芒畢露，而是始終不失內心的篤定和堅守。他們懂得在適當的時候，展現自己堅硬的一面。

人生海海，願你我都心存善意、不失鋒芒，只有這樣才能劈浪前行，抵達理想之境。

03 求求你們，不要再為我好了

有一次刷微博，我看到馬伯庸發了一條這樣的微博：「今天來說幾個不那麼令人愉快的美食故事吧！不噁心啊，只是不那麼愉快。」

小時候我有一個好朋友，這個朋友的媽媽是個「刀子嘴豆腐心」的人。有一次，我們兩家參加朋友的婚禮，桌上上了一盤九轉大腸，把我饞得夠嗆，我拿起筷子就要夾。她一下子就把盤子端起來了，說了句「腸子最髒了」，轉手就要把它放到鄰桌，我忍不住說我想吃啊！她沒有從專業角度給我分析大腸不洗乾淨會很噁心，也沒有以大人的口氣說小孩吃多了這個不好，而是說：「腸子多難吃啊，你們肯定不想吃。」她極其自然地代入我的視角，代我做了這個主。可惜那會兒年紀小，我只好忍氣吞聲。

幾年前，我去西安，有一個新認識的朋友帶我去了一家館子，說這家飯館的羊肉泡饃特別好。吃的時候，我掰了一陣覺得煩了，說送機器切吧！他說不行，機器切的沒法吃，苦口婆心地勸我說手掰的才好吃。我說我知道口感不一樣，但我的指甲蓋都摳疼了，算了，機器切吧！他說不行，機器切的沒法吃，堅持讓我掰。三辭三讓之後，我覺得禮數盡到了，便直接喊來服務員，說：「你給送機器切一下。」他生氣了，轟走服務員，把碗咣的一聲擱在我面前，說：「必須得用手掰碎了，好吃，真的好吃！我不騙你！」我說我吃不出來差別，他說吃得出來！我一瞬間覺得他被我那位阿姨附體了，只好忍氣吞聲，花了40分鐘掰完，吃完，他問我是不是好吃啊。我點點頭。不過後來我再也沒跟他一起吃過飯……

他們都不是壞人，他們熱情得很，真心希望能給你最好的美食體驗。如果他們能不強行代表別人去表達這種感受，坦然接受這個世界上有很多種自己所不瞭解的美好，那就更好了。

馬伯庸這條微博底下跟帖如雲，很多人紛紛反映自己也曾有過類似的遭遇。其中一條熱門評論說：「強加的善意就是惡意。」這條評論有數百人點讚，說明確實有不少人深受其擾。

這條微博之所以會引起這麼多人的共鳴，可能是因為我們大多數人遇到過這種被強加的善意，與那個不讓人吃大腸的阿姨和堅持讓我用手掰饃的哥們兒一樣，有一種人就是熱衷於強行讓你接受他的善意，並美其名曰「我是為了你好」，具體可參照以下事例：

你大齡未婚，每當逢年過節親戚聚會時，就有一大群的三姑六婆圍在你身邊，苦口婆心地勸你：「你都這麼大年紀了，趕緊收收心找個人結婚吧！」然後他們輪番上陣，一個個恨不得掘地三尺，展開全城搜索，將本地的未婚男士（女士）都搜刮出來，好為你迅速配對。如果你表示自己不想將就，對方就會馬上白眼翻上天：「這女人啊，過了三十就別再挑挑揀揀的了，再挑下去黃花菜都涼了。」每當這個時候，想必你內心早已懶得搭理，卻只能強忍著不發作——因為他們「都是為了你好」。

你漂泊在外，一個人在京城生活，混得也算風生水起，在四環內買了一套小房子，正在排隊搖號買車，自以為是個青年才俊，平日裡泡泡吧看看展覽，日子過得逍遙自在。可一旦你回了老家，才會發現儘管自己已經活成了朝陽區的薇薇安，但在村裡人眼中，你還是當年的翠花，不管多麼功成名就，總有人會對你說：「在大城市生活哪有老家舒服，就說你們住的那房子，還不如家裡的一個豬圈大呢！」在他們的概念中，一個人在外漂泊簡直是自找苦吃，對比起來，老家則什麼都好——空氣新鮮、食物安全、民風淳樸，無異於天堂。你沒法告訴他，大城市有大城市的精彩，就像你沒法告訴一隻坐在井底的青蛙，井外的天空不止巴掌那麼大，儘管你心裡對他們的說法有一萬個不同意，你還是沒辦法拂袖而去——因為人家說了，「都是為了你好」。

你不喜歡手頭的工作，下定決心要辭職創業，剛露一點兒口風，近至父母，遠至八竿子打不著的親戚朋友，紛紛冒出來勸你：「現在的經濟越來越不景氣了，還是有個鐵飯碗好，你那個工作，儘管掙得不多，一個月才三四千塊，但好歹和體制沾邊，不怕失業，要出去創業的話，這個風險哪裡承受得起？」你很想反駁說這年頭就沒有什麼打不爛的鐵飯碗，只要有本事到哪都能有飯吃，但話到嘴邊又咽了下去——因為畢竟，他們「都是為了你好」。

「我是為了你好」，這句話簡直成了萬能的金句，而說這句話的人，就等於拿到了免死金牌，無論他說什麼、怎麼說都是對的。「我是為了你好」，這句話的潛臺詞就是，不管我說什麼，你都不能怪我，因為我的出發點是好的。站在這個出發點上，當事人就可以暢所欲言、為所欲為，完全不顧給對方造成了什麼樣的心理壓力。馬伯庸在微博中提到的那類人還算好的，他們只是想強迫你接受他喜歡的食物和口味，可有些人卻推而廣之，試圖強迫你按照他喜歡的方式去生活。

曾經我有兩個很要好的朋友，他們現在徹底鬧翻了。他們曾經好得就像兄弟倆，可以有難同當、有福共用的那種。兩人剛剛畢業時，生活軌跡差不多，感情也特別好，但接下來的十年，兩人走上了完全不同的路，一個走的是最主流的那條路——升職加薪，結婚生子；另一個在工作上沒什麼太大的上進心，也沒有急著結婚，從各方面來看，顯得有些非主流。

這下主流的那個唯恐自己的兄弟跟不上時代，每次都拿出老大哥的氣派，勸他早點兒成家，勸他奮發圖強，試圖把他往「人生贏家」的軌道上拽。一開始後者還銘感於心，覺得大哥確實是為了自己好，但後來發展到一見面就說，搞得他也不勝其煩，終於忍不住讓這位「主流兄弟」別再叨叨了。看到這個反應，做大哥的頓時火了，覺得「我本將心向明月，奈何明月照溝渠」，他如此熱情熱心，換來的卻是冷淡冷漠，一怒之下單方面宣佈絕交。另一個也頓感如釋重負，絲毫沒有挽留。一對好兄弟，自此分道揚鑣，準備老死不相往來。

一個人對另一個人投入了感情後，總是覺得自己說什麼做什麼都是「為了你好」，就像這位「主流」朋友一樣，有意無意地就越過了那本該明確的界限。人和人之間其實是有邊界的，別說朋友了，就算是丈夫和妻子、父母和孩子之間也應該親密有間，不能輕易越過對方的私人邊界。可現實中的很多人缺乏界限感，總是渴望著和對方親密無間，喜歡把自己的好惡強加到他人的頭上，卻忘了對方本來是一個完全獨立的人，擁有選擇自己生活方式的權利。

「我都是為了你好」，以前總以為這句話的重點是「你」，後來才發覺，重點其實應該是「我」。也就是說，你其實不重要，你的感受更加無關緊要，重要的是，你違背了「我」的心意，所以我要跳出來，對你的生活橫插一腳，讓你變成我想要的樣子。

這種人不知道哪來的信心，對自己的想法、自己的品位，乃至自己的生活方式都有著謎之自信，他越看重你，就越希望你能夠按照他的期待去生活。在他們的心目中，生活有一種標配，所有人最好都活成整齊劃一的模式。「我是愛你的，所以你得聽我的。」為你好的背後，藏著無處不在的控制欲，他們比誰都固執，固執到不承認除了他們體驗到的，生活還有無數種可能。羅素有句話說得好：「參差多態才是幸福本源。」但說「我都是為了你好」的那些人總是不願意承認。

如果你有一次沒聽他的，他就會指責你太自私了，不識抬舉。這時候，你不妨把網上流行的這段話甩給他：「過自己想要的生活不是自私，要求別人按自己的意願去生活才是自私。」生活是你自己的，你完全可以愛怎麼活就怎麼活，無須被「我都是為了你好」這種話語綁架。

真正為你好的人會懂得，干涉並不是愛，尊重才是。越親密的人，越需要保有界限感，不對所愛的人指手畫腳。這體現了一個人最基本的修養，與「我是愛你的，你得聽我的」相比，「我是愛你的，你是自由的」才是理想的相處模式。

04 你越善解人意，越沒人在乎你的委屈

新版《倚天屠龍記》熱播時，我們一群武俠迷熱火朝天地討論著圍繞在張無忌身邊的四個女孩子，到底哪個才是他的最愛。一個男生忽然說：「我要是張無忌的話，肯定選小昭。」此話一出，男生們紛紛附和。由此可見，即使小昭不是張無忌的最愛，也是男生們的最愛了。

男生們為什麼都愛小昭呢？無非因為她溫柔、和順，特別善解人意，懂得為心愛的男人設身處地著想，在必要的時候甚至願意為了對方犧牲自己。除了小昭，金庸的書中還有這樣類似的女生，比如《鹿鼎記》中的雙兒、《天龍八部》中的阿碧等，她們的共同點就是處處將男人放在第一位，為了男人隨時都準備去赴湯蹈火。

《倚天屠龍記》裡四個女孩子中，小昭對張無忌的愛最沒有私心雜念，小昭深於心機，對無忌卻一片坦誠；小昭滴水不漏，對無忌卻從不設防。不管她的身份如何變化，對張無忌來說，小昭永遠是他最貼心的小棉襖、最可意的小妹子。「公子，我決不願做波斯明教的教主，我只盼做你的小丫頭，一生一世服侍你，永遠不離開你。」試問還有比這更動人的情

話嗎？別說是普通男性了，就是我聽了也覺得感動。

小昭深愛著張無忌，卻從來不忍心讓他為難，她總是處處為他著想。正因如此，她從來不會像趙敏那樣咄咄逼人，也不會像周芷若那樣拈酸吃醋，更不會像殷離那樣偏激決絕。這樣的結果，是她只能選擇委屈自己，最後，她為了救張無忌只得去做波斯明教的教主，她和她的公子，只落得個「東西永隔如參商」的結局。

張無忌儘管心疼小昭，但還是將最熱烈的愛都給了趙敏，因為她「偏要勉強」，因為她懂得爭取，因為她不會將男人的意願置於自己的意願之上，而是知道自己想要什麼，就去追求什麼。而小昭呢，四個女孩中最願意委屈自己的她，卻偏偏是第一個在這場情感角逐中出局的，真叫人歎惋。

其實不只是在小說中，生活中也是如此，太過善解人意的人，往往是被辜負的那個。我有個朋友叫娟子，是大家公認的好姑娘。朋友們都說，少了娟子，圈子活動就無法運轉。其實娟子的話並不多，不過有她在，大家就像吃了顆「定心丸」，永遠不用擔心會受冷落。在飯桌上，娟子是負責布菜倒酒的那個人，再不熟的人，也會得到她周到的照顧和熱情的笑臉。要是誰中途去了趟洗手間或者接了個電話，也不用擔心，娟子會把屬於他的那份菜體貼地夾進碗裡，尤其是鮑魚海參這類名貴的菜。要是人多菜少，倒是她自己的那份常常會「不小心」漏掉了。

娟子為人著想是天性，她是家中的長女，底下還有一個妹妹。從小到大，爸媽對她說得最多的一句話就是：「妳是姐姐，要讓著妹妹。」爸媽說得理所當然，娟子聽在耳裡也覺得沒什麼不對。妹妹被嬌縱得不像話，娟子也因此養成了事事忍讓的好脾氣，和誰相處都先人後己，朋友們不論年紀大小，都親昵地叫她「娟子姐」。

按理說這樣的姑娘應該很受男人歡迎才對，可弔詭的是，娟子偏偏情路坎坷。說到底，就是吃虧在她太為男人著想了。她的戀愛史，幾乎算得上是一段屈辱史。

她的初戀是個山區出身的男生，以她的家庭條件，她本來可以度過無憂無慮的大學生活，可她總是在忙著做兼職，大熱天跑到天河那兒去發傳單，連瓶水都捨不得買。她知道他家境不好，就幫他準備助學貸款需要的資料；知道他想做兼職，就把自己做熟了的家教讓給他；知道他英語不好，就陪著他一起去看英語原聲電影。暑假她還跑到那個男生在山區的老家，穿著花裙子到地裡幫他家人幹活。宿舍的姐妹見了都心疼，可娟子甘之如飴，熱戀中的她母性大發，就像一個小母親那樣，可以為愛人奉獻全部的溫柔和愛。

她對那個男生遷就到什麼程度呢？舉個例子，每次吃飯時，只要上的菜裡面有蝦，她都會給他剝好放在碗裡，哪怕是一點兒都不扎手的基圍蝦。她這樣做的理由是男生家裡窮，從來沒有吃過蝦，也不知道怎麼剝。男生呢，起初還頗有幾分慚愧，但慢慢就習慣了。

大四時，男生得到了一個出國交流的機會，他有點兒猶豫，因為這次交流是半自費的，交流生得負擔一定的費用。他問娟子去不去，娟子毫不猶豫地回答：「去，當然去。反正我也找到了工作，可以給你寄錢。」

男生就這樣去了大洋彼岸。臨走的時候，兩個人一起去大排檔吃夜宵，娟子給男朋友剝了整整一盤蝦，每剝好一個，就把雪白的蝦仁沾點兒芥末醬油，放進他的嘴裡。男生吃得心滿意足，她也剝得很滿足。男生出國後，娟子就把工作所得的微薄積蓄都寄給了他，但得到的回報是：一年後男生告訴她，他在那邊找到了工作，也有了新的女朋友，不準備回來了。

「就當自己是匹白龍馬，度了他一程吧！」說起這段初戀，娟子至今還有點兒懷恨在心。

從那以後，娟子還以她的肉體凡身度了不少人，有失意的媒體人，有做著創業夢的在校大學生，甚至還有尋求安慰的已婚男。掰著手指一個個算過去，娟子的感情史簡直就是一部遇人不淑史。

娟子的字典裡，似乎沒有「吃一塹長一智」這六個字。朋友們都說她的「愛點」特別低，總是特別容易愛上一個人，愛上後又特別容易毫不保留地全情付出，恨不得把心都掏給對方。她遇到的那些男人，沒有不說她溫柔善良的，在享受她的溫柔善良的同時難免又有幾分看輕的意味。朋友們紛紛勸她悠著點兒，看準了再上，可娟子聽不進去，她就像一個犯了「情癆」的姑娘，總得愛上個什麼人，不然滿腔的柔情蜜意就沒地方放。

在情感的世界裡蹉跎了幾年，轉眼間，娟子就年過三十了。以前很討人喜歡的嬰兒肥，現在看上去就有幾分癡肥了。眼看著同齡人一個個結婚生子，她也有點兒慌了。這些年，她的枕邊也沒空著，只是枕邊人的品質一年不如一年。

其實也不是沒有好男人喜歡過她。她有個師兄，三年同窗，八年好友，感情基礎深厚，而且是一個踏實靠譜的好男人。朋友們都攛掇他去追她，一來二去的，他對她的確動了心，兩人還相約一起去了海南島騎自行車環島遊。

騎自行車環島遊是個苦活，那是整整700千米的路程啊！海南島的陽光又非常烈，曬半小時是一種享受，但曬上幾天幾夜就是受罪，更不用說還要經受爆車胎、屁股被磨破這些糟心事了。娟子和師兄頂著風吹日曬，順利走完了全程，大家都以為戰友情深，這次一定會修成正果了，結果師兄卻告訴大家，他已經打消了追求娟子的念頭。環島遊的過程中，娟子其實很多方面都挺讓他感動的，比如屁股磨破了還不聲不響地跟在他後面騎行，比如頂著暴風雨一起前行，比如在吃東西時將僅有的一碗抱羅粉讓給他吃。

「人家對你這麼好，你居然還打退堂鼓！」朋友們都為娟子憤憤不平。

「就是處處遷就得過分了。」他解釋說，「有些事情她太為我著想，其實完全不用如此。這樣讓我感覺也有點兒沉重，我還是喜歡大家誰也不委屈自己，輕輕鬆鬆地相處。」末了，他又補上一句，「她這麼好，我真擔心自己和她在一起後，慢慢就變得不那麼好了。」

他的話的確說得很坦誠了，像娟子這樣的姑娘總是過分體貼，過分「善解人意」，可越是這樣，就越沒人在乎她的委屈，也就越得不到尊重。她們知分寸、識大體，從來不過分坦露自己的感情。可愛情往往只有感性，任性的姑娘有時比懂事的姑娘更受偏愛。對這些太過懂事的姑娘，男人們一方面享受著她們的溫順，另一方面又未免帶有幾分看輕的意味。

在和人相處時，別人怎麼對待你，有時是你教會對方的。人和人之間的相處模式，一旦從一開始固定下來就很難再扭轉，如果你對人家一味地遷就和妥協，對方就會習以為常，久而久之，換來的不是平等和珍惜，而是輕視和冷漠。

在人際交往中，善解人意本來是一件好事，可是過猶不及。如果你太為他人著想的話，結果就可能是既委屈了自己，又縱容了對方。不是每個人都像那位師兄一樣具有反省精神的，很多人只會得寸進尺，從不懂珍惜發展到踐踏你的善意。最後的結果就是，你一步步退讓，他一步步侵佔你的底線。

很多人為了讓他人開心不惜委屈自己，但有時即使委屈也未必有好結果。你可以學會體貼他人，卻犯不著百般遷就；你可以試著善解人意，卻不必過分討好。始終要記住，在愛他人之前，我們要學會的第一課，就是好好愛自己。

05 那些為你連讚都不點的人

昨天，我在豆瓣發了一條消息，意思是想寫篇文章，吐槽一下那些在朋友圈為你連讚都不點的人。豆友們的反應大致可以分為以下幾類：

樓主你怎麼這麼玻璃心！（這是占比最大的。）

無所謂。（這也是主流。）

不點讚怎麼啦？我就從來不點讚！（好吧，你贏了，你不點讚你光榮。）

說真的，我很討厭點讚，感覺點讚是一種打擾。（茫茫塵世中居然還有如此淡定的人。）

在幾十條留言回覆中，只有一個人的留言讓我心有戚戚焉，這位姑娘說：「我有個好朋友是唯獨跳過我只給別人評論的人，我都不知道這是真朋友，還是不滿意你的生活狀態的人。可能是我太在意她了，一般朋友關係不會去計較。我這脆弱的玻璃心。」

感謝天感謝地感謝網絡，最重要的是感謝這位姑娘，你終於讓我知道我不是一個人，說多了都是淚……

既然我說了要寫，哪怕有再多的人衝過來說我是玻璃心，我也要來說說我的觀點了。

我一直覺得，朋友圈是對一個人真實的朋友圈子的重新洗牌，朋友圈拉近了你和某些人的距離，也使你和另外一些人的距離變得更遠，不斷有舊的「朋友」被拉黑，也一直會有新的「朋友」湧進來。我們的現實生活也是如此，只是朋友圈讓這一切變得更為直觀。

按照現實世界的標準，朋友圈的人可以分為三類：一類是至親好友；一類是普通朋友；還有一類是僅僅認識的人。

按照虛擬世界的標準，朋友圈的人也可以分為三類：一類是評論之交，總會積極地在你發的內容下方評論；一類是點讚之交；還有一類是連讚都不點之交。

說實話，我真心覺得點讚是社交網絡最偉大的發明之一。人和人之間的關係是需要互動來維繫的。來往來往，你來我往才能促進感情的交流。在沒有朋友圈之前，我們靠電話、短信和QQ來維持互動，可對怕麻煩的現代人來說，這些都太麻煩了。現在呢，我們只需要手指輕輕一點，一顆心形的讚就跳了出來，多省事啊！

很久沒有聯繫的老朋友，也許你們已經沒有太多話可說，但自從有了朋友圈之後，你只需在他發的各種美景、美食照片下面點個讚就行，這就等於打個招呼說：「好久不見，我還記得你哦！」剛剛認識的新朋友，也許彼此之間還沒有太多交情，這時候如果不吝惜點讚的手指，你就會慢慢拉近你們之間的距離。

不知道有多少人像我一樣，在發了條微信朋友圈後，會下意識地去看有沒有人點讚，有哪些人點讚。如果哪條微信朋友圈點讚的人多，我就有點兒小竊喜；如果哪條微信朋友圈無人點讚，我就有點兒悵然若失。

人們為什麼會需要點讚呢？還不是為了求關注。朋友圈說到底也是一個社交網絡，並不是私人日記。而點讚，說到底是一種成本最低的互動方式。我們在發微信朋友圈時，本質上還是想得到親友們的認同，而點讚又是最簡捷的表達認同的方式。希望自己獲得關注是人的天性，每次點讚都意味著背後有一個人在默默地關注著你。當你發出自己過生日的照片時，你是希望收穫一堆讚，還是希望別人看看就好，不來打擾你呢？

微博也開通了點讚功能，但很多人對這一功能並不喜歡。那是因為真正親密的朋友，基本都活躍在朋友圈，微博上的大多是一群誰也不認識誰的人！與不認識的人相比，我們顯然更在乎認識的人對我們的態度。

這就回到本節開頭的那個問題，我們怎麼看待那些對你的朋友圈從來都不點讚的人呢？

其實主要還是要看那個人跟你的交情怎麼樣。你越是在乎那個不點讚的人，這一行為對你的殺傷力就越大。

如果一個人從來不給你點讚，我覺得有三種可能：一是此人從來不給任何人點讚；二是你根本不在此人關注範圍之內，也就是說，人家根本不在乎你；三是此人對你發的任何東西都毫無共鳴。後面兩種情況可能都意味著，你拿人家當朋友，人家只不過拿你當路人。

我和那位發言的姑娘一樣，也碰到過這樣一個朋友。我發的任何一條微信朋友圈，她從來不評論也不點讚，以致於我懷疑自己是不是被她拉黑了。結果我發現她在其他朋友的微信朋友圈中異常活躍，幾乎每個人發的微信朋友圈下面都能看到她的身影。

我先是納悶，明明我給她點過不少讚啊，繼而懊惱，為什麼她對所有人都友好就是無視我呢？最後我終於找到了解決方法，還是設置彼此都看不到朋友圈好了，眼不見為淨。萬幸，在我的朋友圈中，只遇到一個從來不給我點讚的人，要是這樣的人多了，我的玻璃心該碎成什麼樣啊！

有人說，真正的友情，從來都不是靠點讚來維持的。此話我並不贊同。朋友是什麼？朋友就是你捨得在他身上花心思、花時間的人。點個讚，你只需要動動手指頭就可以了，又不是托孤那麼高難度的事。如果一個人吝嗇得連個讚都不給你點，你就要問問自己，在人家的心裡你究竟有幾斤幾兩。

對於這場點讚之爭，我的總結陳詞如下：如果你真在乎一個人，那就大方點讚吧，不要捨不得那一點兒小小的情意。對那些從來都不給你點讚的人，趁早清理出你真實的朋友圈。人生苦短，別把你的熱情浪費在不在乎你的人身上。

06 不懂拒絕是種病，得治

那天我看到有個作家姐姐發了一條朋友圈：「不代寫亦不潤色修改各種材料、先進事蹟、報告、論文、孩子作文之類，還望親友同事們理解，因既不擅長也無空閒。」我瞬間很想飛奔過去跟她握個手，學張飛那樣道一聲：「俺也一樣！」

之所以這樣，是因為在這件事上，我可是有過經驗教訓的。因為出過一些書，發表過一些文章，我在親友圈裡也算是小有名氣。在他們眼裡，我儼然就是一個作家，儘管我自己還頗為汗顏，覺得並沒有什麼可以拿得出手的作品。

在我可愛的親戚朋友們的心目中，作家簡直就是萬能的，文能寫材料改文案替人捉刀寫情書，武能擬檄文潤色廣告代發分手聲明，總之上能代皇帝老兒擬聖旨，下能替10歲小孩改作文，就沒什麼不能寫的。

這年頭，哪怕工作完全和文字無關的人，偶爾也得寫點兒彙報材料，弄點兒先進事蹟，年底還得整點兒工作報告。這個時候，但凡心思活絡的人，就想找個能寫的筆手來捉刀、潤潤色了。我的親友們就會齊刷刷地將眼光投向我，他們可能覺得既然認識一個能寫的人，資源當然不能浪費，於是就抱著不用白不用的心態來找我。

我這個人，從小受我爸的影響很大。他一直教我，人家請你幫忙，那是看得起你，就算不能馬上做到，也要先一口答應再說。其實我本身是個不愛代人捉刀的人，但想著老爸的耳提面命，又考慮到他們都是我非常熟悉的人，抬頭不見低頭見的，那就幫幫吧。所以一開始，我對這些要求基本上是來者不拒的。

可是只有上天知道，寫作者根本就不是十項全能。我天生就寫不好命題作文，更不擅長寫公文材料，當年畢業時曾經一時衝動考過公務員，結果申論部分只考了三十分，也算是寫作生涯的奇恥大辱了。在我的代寫史上，唯一愉快的經歷是在讀書時幫人寫情書，身為一個情竇初開的少女，滿腔懷春之情無處抒發，恰好可以在別人的情書裡大抒特抒，而且可以順便發揮我的八卦天性，打聽到許多轟轟烈烈的早戀故事。現在想起來，我寫作方面的能力可能就是那時候鍛煉出來的。

和寫情書相比，寫材料、寫報告什麼的，就是難啃的骨頭了，不僅費勁，而且無趣至極。對於寫這種東西，我的內心是抗拒的，每次都得捏著鼻子，強忍著反感，才能按捺住滿心的不適，非常吃力地完成親友們佈置的任務。整個過程是非常艱難的，遠遠不如我寫小說和散文那樣得心應手。

你以為寫得這麼吃力親友們就會領情？那你就想多了。客氣一點兒的人會在收到我辛苦寫完的材料後，禮貌地道個謝，捎帶稱讚一句文筆還不錯；不客氣的則會質疑我的寫作能力，質問我，「大作家你是不是百忙之中隨便寫了一點兒給我啊」，言外之意是，你這寫的都是些啥啊，還作家呢，水平還不如我呢！

最令人惱火的是那種一而再再而三地要求你修改的人。在一個熟人的請求下，我曾經指導她的女兒寫作文，好去參加某個徵文比賽。一開始我還挺認真的，可她老說我指導得不到位，經過她多次的暗示我才明白，什麼指導啊，她純粹是想讓我代筆！我不答應，她就有了幾分惱意，好不容易作文改完了，她又說我在媒體工作過，應該認識不少報紙雜誌的編輯，讓幫忙投個稿。我本著送佛送到西的想法，真的幫她推薦了，結果你猜怎麼著？她還嫌人家報紙只是一家地市級報，寒磣了她家閨女。

我忍不住直接告訴她：「我就這麼點兒微末本事，沒辦法讓咱閨女的大作發在《光明日報》《人民日報》這樣的大報上。」

她沒聽出弦外之音，反而說：「這次不行，下次爭取……」

沒等她說完，我當機立斷地打斷她的話：「不好意思，沒有下次了，我特別忙，手頭還有一堆活要幹。」

沒想到，我還沒生氣，她倒先怒了，氣沖沖地控訴我：「不就是讓妳改篇作文嗎，舉手之勞的事，咱們都多少年的朋友了，妳至於嗎妳……（以下省略三百字）」

我用最後僅剩的一點兒耐心聽完她的長篇大論，然後掛了電話，輕輕吐出了一口氣，在感到如釋重負的同時也有點兒哭笑不得，明明是幫了人家的忙，結果反成了我的不是，這都是些什麼事啊！怪只怪，我一開始沒有拒絕，或者說拒絕得不夠堅定，才縱容她產生了此人活該為她服務的錯覺。

很多人就是這樣，分明是請人幫忙，態度卻高傲得好像她才是甲方，幫她忙的那個人，反倒淪落成了任人挑剔的乙方。

朋友就算了，離譜的是，有些陌生人也會理直氣壯地要求你幫忙，注意，我用的詞是要求而不是請求。我雖然不算什麼大V，可經常會收到一些陌生人的私信。一般來說，只要不是很過分的要求，我都會禮貌地回應，比如讓我幫忙列一個書單，或者有情感上的煩惱向我傾訴之類的。

可過分的是，有些人一上來就說：「我很喜歡妳的文章，可我還是個學生沒有錢，書那麼貴買不起，妳可以給我寄幾本妳的書嗎？」出於禮貌我還真給他寄了一本，可等我出新書了，他又要求我再寄一本，這次我火了，果斷地表示不行。結果你猜怎麼著？對方反過來說：「妳一個作家，怎麼這麼小氣呢？對得起讀者的喜歡嗎？」還真不好意思，這樣的喜歡我壓根就不稀罕，你愛喜歡誰就喜歡誰去吧。我能做的，是趕緊把他加入黑名單。

更有甚者，直接甩給我幾篇文章，說什麼讓我幫忙指導下，看能不能推薦給相關的編輯，希望有機會出版或者發表。如果稿子寫得出色還好說，關鍵是這樣做的人，稿子往往寫得讓人根本看不下去，我答應後試著投了一下，自然在編輯那兒過不了關，然後就招來了對方的吐槽。吐槽我鑒賞力不行就算了，關鍵是他們還會吐槽我人品不行，不愛幫人……

正是因為這類人太多了，大家都對那些動不動就向自己提無理要求的人煩透了，又不好意思說破，只好手指一點把反擊這種現狀的文章轉發到朋友圈，暗戳戳地發洩一下不滿。

說到底，出現這種事主要還是因為大家都不懂得如何拒絕別人。我們這代人從小到大所受的教育，就是要樂於助人。既然人家都開口了，又怎麼好意思拒絕呢？拒絕陌生人的話，怕無意中招黑；拒絕熟人的話，則怕關係破裂。就像太宰治在《人間失格》裡說的那樣：「我害怕一旦拒絕別人，便會在彼此心裡留下永遠無法癒合的裂痕。」

可事實是，如果對方一開始提的就是無理要求，或者完全超出了你的能力範圍，那麼即使你勉為其難地答應，到了最後還是很難達到對方的要求。於是就陷入了一個怪圈，你本來是因為想維護關係而沒有拒絕，結果卻因為做不到而讓對方失望，以致於關係最終破裂。這樣的話，就完全違背了你的初衷。

經過這些事情後，我發現了一個道理：不懂拒絕其實是種病，得治。那些讓自己不舒服的事，越早拒絕越好。很多人的不幸源於缺乏拒絕的能力，以致於讓自己陷入兩難的境地，最後既白費了力氣，又無法履行許下的承諾。

來者不拒的人活得特別累。說實話，自從學會對人說不之後，我覺得自己整個人都輕鬆了，終於不用為了應付那些形形色色的過分要求而疲於奔命了。懂得拒絕是一種智慧，可以讓別人知道你的界限在哪，你的原則是什麼。樂於助人當然是必要的，但如果別人提的要求超出了你的界限、違背了你的原則，那就別想太多，果斷地拒絕吧！

我也因此惹惱了一些人，但我絲毫不覺得可惜，因為那些向你提無理要求的人，本來就沒那麼在乎你，那你又何必在乎他們？真正在乎你的朋友，反而不會輕易地來麻煩你，因為他不想讓你為難，不願意輕易透支你們之間的情誼。對這樣的朋友，一旦他們陷入窘境，即便他們不開口，我也願意主動施以援手。

至於那些動不動就喜歡麻煩別人的人，最好的辦法是在一開始就乾脆俐落地拒絕，這樣才能讓他們明白生活的真理：沒人有義務幫你，別人幫你是情分，不幫你才是本分。

07 最好的安慰，是我懂你的不容易

自從進入新的一年，我的髮小（兒時玩伴）琪琪就感覺她一直在倒楣。兒子快到入學年齡了，可由於戶口不在當地，進不了本地的公立學校。進私立學校吧，好的又太貴，差的又覺得就像菜市場小學，擔心耽誤了兒子的前程。她自己的工作也遇到了坎，自從生了二胎後重返公司，她發現原來的崗位已經被人占了，對她的安排說是平級調動，其實是暗降了半級。屋漏偏逢連夜雨，一向硬朗的老父親突然感到身體不適，到了醫院一檢查，說有可能是癌變，目前還在醫院排隊等檢查。

在醫院照顧了一天老父親之後，一貫堅強的琪琪回到家裡，終於情緒崩潰了。從不訴苦的她拿出手機，忍不住在髮小群裡倒了一通苦水。

當時已經是深夜了，我們幾個人都睡了，只有另一個髮小小薇還在，她自然而然地覺得自己有義務安慰琪琪。可誰知道她不安慰還好，越安慰琪琪越覺得心裡堵得慌，大半夜就給我發了私信，讓我去看群裡的聊天記錄。

我第二天早上才看到她的私信，然後立即打開了那個不太常用的群，發現聊天記錄的畫風基本全是這樣的。

琪琪：崩潰了，我今年怎麼這麼不順利！

小薇：是啊，我今年也特別不順利，我們這是集體倒楣了嗎？

琪琪：說好的晉升完全沒影，還把我降了半級。

小薇：你還好啦，我生完二娃後就沒工作了，還不知道以後有沒有機會重返職場。

琪琪：就快開學了，我兒子還不知道去哪兒讀書，公立上不了，私立又太貴。

小薇：就是啊，為了讓我大兒子上我們當地最好的私立學校，我老公都送了五萬元錢了，還是沒個準信，現在私立學校都這麼獅子大開口，我看你們不送禮能上就挺好了。

琪琪：最崩潰的是，我爸爸突然查出身體有問題，現在還在醫院躺著。

小薇：沒什麼大問題吧？別太擔心，人年紀一大，都難免會病病歪歪的，我爸媽也是一身的病，我爸糖尿病，我媽高血壓，三天兩頭跑醫院……

琪琪：……

作為旁觀者，我看了聊天記錄後，頓時也有種哭笑不得的感覺。倘若我是琪琪，聊到這個份上怕也只能無語問蒼天，一句話都說不出來了。

小薇人並不壞，相反，她是個熱心腸的人，要不然也不會在獨自帶兩個娃的間隙還陪著琪琪聊天。她的初衷可能是想通過講述自己的不幸來寬慰琪琪，結果卻適得其反。琪琪對我說，這事讓她明白了魯迅先生說得對，原來人類的悲歡並不相通，也讓她記住了以後如果有難過的事絕對不會再去向小薇傾訴。

我相信你一定也碰到過類似於小薇這樣的朋友吧，至少我本人碰到過。這類人有一個共性，就是不懂得如何去安慰他人。他們有個共同的特點，就是什麼事都愛往自己身上扯，你跟他說自己很慘，他的第一反應不是問你到底是怎麼慘的，而是迫不及待地告訴你「我比你還慘」。你跟他說我很不容易，他就冷冰冰地甩給你一篇「雞湯」文章，標題就叫《成年人的世界哪有「容易」二字》，然後大談特談自己如何不容易。

「大家都挺不容易的。」、「大家都很慘！」我敢保證，這是我聽過的最糟糕的安慰了。每當我倍感痛苦時，如果還有人輕描淡寫地對我這樣說，我的滿腔鬱悶瞬間就會化成滿腔怒火，覺得自己肯定是豬油蒙了心，才會謬托知己看錯了人。世界上最令人失望的事，莫過於對著不能理解你痛苦的人倒苦水。他會讓你覺得，你所謂的痛苦完全就是矯情，既然大家都不容易，那你還好意思叨叨你那點兒不值一提的苦楚嗎？

這樣說的人可能本性並不壞，但他們普遍缺乏一種很重要的能力，就是共情。心理學家武志紅特別愛用「看見」這個詞，此處容我套用一下，這類人缺少的正是「看見」的能力。他們對別人身上的痛苦視若不見，他們的關注點全在自己身上。

如果你一時沒看清楚，向這樣的人傾訴了心事，那麼沮喪是難免的，可能隨之而來的還有被漠視的憤怒。就像琪琪那樣，原本對小薇是抱有厚望的，最後卻失望透頂——至少從聊天記錄來看，小薇對她的痛苦稱得上漠不關心。

「我看不見你身上的痛苦」，這對求助者一方的打擊是巨大的。一個人願意向你訴苦時，就等於他把自己隱藏的軟肋全部展示出來，這個時候他最需要的就是能夠被「看見」，希望你能看見他的痛苦，看見他的傷口。

這時候如果你還跟他說什麼大家都不容易，就等於你在他的傷口上撒鹽。我們要明白一個道理，每個人的痛苦都是獨特的，不可能一視同仁的。一方面，痛苦確實是有層級的，有人曾經把疼痛分為十級，其實心痛也與之相似，有些痛苦是錐心之痛，有些痛苦則只相當於被螞蟻咬了一口，比如失去親人的痛楚、身患重病的痛楚，絕對不是小孩考不上好學校這樣的痛楚可以比擬的。只有承認痛苦的層級是不一樣的，才會懂得同情和憐憫。

很多人愛犯的一個錯誤就是將不同層級的痛苦相提並論。這就相當於你對他訴說自己在一場意外中失去了腳的痛苦，他卻反過來抱怨自己買不起一雙好鞋子的煩惱，這樣的安慰無異於火上澆油。

另一方面，每個人對痛苦的感知能力也是不一樣的，同樣一件事放在不同的人頭上，每個人的感覺會大不相同。大禍臨頭時，感覺不那麼敏銳的人可能覺得天塌下來大不了當被子蓋，過於敏感的人卻會將這種痛楚放大許多倍。

很多抑鬱症患者會遇到這種情況，當他們覺得自己撐不下去忍不住向親友們求助時，不少親友卻對他們說：「這沒什麼大不了的，你明明可以生活得很好啊！」他們不知道，這句糟糕的寬慰恰恰成了壓倒抑鬱症患者最後的一根稻草。當一個人深陷在情緒的泥淖中時，身邊親密的人卻指責他只是無病呻吟，可想而知打擊會有多麼大。

「沒什麼大不了的」，就像「大家都不容易」一樣，是那種貌似政治正確，其實毫無意義的安慰。說這種話的人通常不走心，只是順口就說了出來，全無一絲發自內心的關懷。

共情其實是一種很重要的能力，缺乏這種能力的人基本上很難交到真心朋友。什麼是共情能力？心理學家羅傑斯給出的解釋是，體驗他人內心世界的能力。說直接點兒，共情能力就是能夠設身處地、為他人著想，儘管很難做到百分之百感同身受，但至少可以嘗試著去理解和認同他人的內心感受，這才是人們所需要的真切的關心。

比方說，當一個怕黑的人在黑暗中對你說：「天好黑，我好害怕啊！」你需要做的不是告訴他這裡並不黑，而是對他說：「我知道你的心情，你害怕的話就儘管跟我說吧！」當一個人的感受被看見和被理解後，他就沒那麼難受了。就像作家蔡崇達說的那樣：「理解，才是最大的善舉。」武志紅更是不止一次地表示：「看見，就是愛。」

誰都知道，一個能陪你一起哭的朋友，肯定比只陪你一起笑的朋友更可貴。可缺乏共情能力的人，卻完全沒辦法陪你一起哭，他只會在你哭的時候義正詞嚴地告訴你，這沒什麼好哭的，做人要樂觀一點兒。

做人要樂觀一點兒，這個道理誰都懂，可當我哭的時候，我只想有個人能伸出手，溫柔地擦掉我臉上的淚痕，告訴我他知道我有多難過，而不是粗暴地打斷我，讓我把眼淚憋回去。

這個經典的故事你可能聽說過：有一個精神病人，突然覺得自己是一個蘑菇，於是他撐著一把傘蹲在病房的角落裡，不吃也不喝，假裝自己就是一個真正的蘑菇。親朋好友們都束手無策，最後是他的主治醫生靈機一動，也扮作蘑菇蹲在他身邊，這才慢慢打開了他的心門。

這個故事告訴我們，當一個人悲傷絕望的時候，他需要的不是訓斥、告誡和教導，他需要的只是有人能陪在他身邊，真誠去體會他的感受。

下次，當你不知道該如何安慰你的朋友時，你不妨蹲下來，陪他做一個蘑菇吧！對一個悲傷的人來說，你懂得他的不容易，就是最好的安慰。

08 不是每句對不起，都能換來沒關係

在網上看到一個視頻，河南洛陽的一條公路上，一個年輕男子和一個騎電動車的中年男人狹路相逢，年輕人忽然攔住中年男人厲聲問道：「你還記得我不，老師？」騎電動車的中年男人才知道，眼前這個看上去有些面熟的人，應該是他教過的學生。他還沒開口，年輕男子就一個耳光扇了過來，而且啪啪啪連扇了他十幾個耳光，一邊打，一邊罵：「你還記得你以前咋削我的不？你咋削我你還記得不記得了？」

作為一名圍觀群眾，我當時就震驚了，心想到底是多大仇、多大怨啊，這麼多年還念念不忘。這事據說已經被立案偵查了，打人的學生常某稱，他在13歲的時候，被這個老師踩腳底下對著頭部踹了十幾腳，而且這樣的事情不是一次，而是多次。這些遭遇對他的成長造成了很大的影響。他覺得，老師這樣做是因為他家裡沒錢、沒權，就隨意踐踏他的尊嚴，實在是太過分了，他現在長大了，所以選擇了報復。

這個視頻被大量轉發，在網上也引發了熱議。有人批評打人者不對，也有人為「復仇」叫好。叫好的主要是有同樣遭遇的網友，他們覺得，常某打回去的做法似乎替自己出了口

氣，彷彿打的不是常某的老師，而是體罰過自己的老師，所以有種心理滿足感，忍不住說一句「打得好」。還有一種觀點，覺得事情已經過去這麼多年了，而且再怎麼樣那也是自己的老師，做學生的應該大度一點兒，不該和老師計較。

「打得好」的觀點固然太過偏激，但這種「我勸你寬容」的論調我實在不敢苟同。我當然不贊成像常某那樣採取過激的方式來報復老師的行為，但這絕不代表，我覺得他應該原諒他的老師。有些事的傷害太深了，除了當事人，沒有人有權利對此指手畫腳。原諒不原諒，應該他自己說了算。常某採取報復行為確實太過火了，但不報復，並不代表他要寬恕。他就算在心裡記恨一輩子，也沒什麼好指責的。

捫心自問，倘若我遇到這樣的事，我能輕輕鬆松地選擇諒解嗎？至少我本人是做不到的。去年我們班搞了次大型的同學聚會，當我聽說某位老師也去參加時，頓時感覺興致索然，差點兒都不想去了。

這位老師當年對我造成的傷害可能不亞於常某的老師對他的傷害。我到現在還清楚地記得，那是在一次體育課上，當時老師有事走開了，讓大家站好隊別動，而讀書那會兒的我比較頑劣，和幾個玩得好的同學沒有規規矩矩地站隊，而是湊在一起交頭接耳。然後那個老師突然出現，陰沉著臉掃了我們一眼，之後單獨衝我一個人怒氣衝衝地吼道：「你，叫你站好不站好，還有點兒規矩嗎？」他一邊說，一邊伸出腿惡狠狠地踹了我一腳。

我那時只有十三四歲，身高不到一米五，體重只有六七十斤，他一個虎背熊腰的彪形大漢，重重的一腳踹過來，差點兒把我踹翻在地。他那一腳正好踹在我的小腿脛骨上，挨過打的人都知道那有多疼，比疼痛還要難以忍受的是那種無處遁形的羞恥感。要知道，我一個自尊心超強的女生，被老師當著全班同學的面踢了一腳，面子上哪裡過得去。

我是那種遇強則強的性子，被踹了之後就犯起倔來，強忍著鑽心的疼痛，仍然吊兒郎當地站著，臉上故意掛著吊兒郎當的笑容，其實疼得淚水都在眼眶裡打轉了。

「你到底站不站好?!」見我這樣，他更生氣了，又飛起一腳踹過來，還罵了一句非常難聽的話。

連續被踹了兩腳的我再也控制不住，疼得眼淚唰的一下就掉了下來，同時控制不住的還有我的暴脾氣，那一刻我熱血上湧，看到旁邊有一把掃帚，隨手就拿起來當武器，嘴裡還嚷嚷著：「我跟你拼了！」完全沒有考慮到我在人家面前就是根豆芽菜，敵我之間的戰鬥力相差實在太懸殊了。

見我這種架勢，那個體育老師一時也被鎮住了，可能他揍過無數學生，頭一次碰到敢反抗的。雙方劍拔弩張地對峙了一陣，最後還是有路過的老師看不過去，出面調解，讓我寫個檢查了事。事情到這裡並沒有結束，從那以後，班上有些缺德的男生見了我，就用體育老師罵過我的話侮辱我，直到我忍無可忍將其中一個痛揍一頓，他們才甘休。

我還記得，小腿上被踹的瘀青足足一個月才消散，而被老師暴力對待和言語羞辱的那種羞恥感，至今都沒有徹底消散。我那時和常某的想法一樣——「憑什麼他可以這樣對我？」就因為我長得瘦小，看上去好欺負，所以他選中了我下手，而不是那些看上去身強力壯的學生？據說作家畢淑敏在小學時被音樂老師嘲笑唱歌跑調，在合唱隊裡被要求只許張嘴不許出聲。此後的幾十年她都無法開口唱歌，甚至害怕在眾人面前發言。那種屈辱，就像她說的那樣：「烙紅的傷痕直到數十年後依然冒著焦糊的青煙。」

後來，同學聚會我還是去了，而令我吃驚的是，那位老師好像完全不記得當年的事了，居然還笑嘻嘻地說，聽說我成了一名作家，希望我能送他幾本簽名書。我想都沒想就回絕了。有同學將我拉到一邊，說了一大堆勸我的話，無非做人要寬容、要不計前嫌，他畢竟是我們的老師，應該知道感恩之類的鬼話。我乾脆明瞭地告訴她：「你們可能都忘了他當年是怎麼對我的，我可一輩子都忘不了。不動手抽他幾個耳光，已經是我最大的寬容了，至於感恩，那是不可能的。」

總是有這麼一些熱衷於和稀泥的人，生平最喜歡做的事就是勸別人寬容，勸別人大度，完全不顧別人曾經歷過什麼。

比如說，一個女人的丈夫長期出軌，她在婚姻中得不到任何關愛，當她終於下定決心要離開時，那個丈夫回頭了，身邊的親戚朋友紛紛勸她：「他都已經改了，你就大度一點兒原諒他吧！」

再比如，有一個女孩子從小就被親生父母送走了，多年以後，她早已長大成人，也擁有了自己獨立的事業，這時她的父母忽然冒出來，要她認祖歸宗。女孩子如果不願意的話，就有一大群圍觀群眾跳出來指責她：「這可是你的親生父母啊，沒有他們哪有你，一個人對自己的親人就不能寬容一點兒嗎？」

這種情況發展到極致，就會演變成不去指責施害方，轉而指責受害者的心胸不夠寬廣。在著名的江歌案裡，江歌為了保護朋友劉鑫，被劉鑫的男朋友殘忍殺害。但弔詭的是，事情發生後，居然還有人指責江歌的母親不夠大度，因為她怎麼也不肯原諒劉鑫。他們的邏輯是「她都已經道歉了，為什麼就不能原諒她呢」，甚至有人要求你去感謝傷害過你的人，他們的理由是「如果你還不願意感謝，說明你還困在心魔裡，沒學會放下」。

這種強行和稀泥的方式，看似在關心受害者，實際上無異於對受害者進行二次傷害。施害方由此獲得了豁免權，而受害者卻背上了不得不寬恕的心理包袱。他們的初衷，只不過是想息事寧人，換來表面上的一團和氣，至於被傷害的那個人的傷口是否還在流血，他們是看不見的，或者即使看見了也假裝沒看見。他們往往以好心人自居，而實際上他們最大的問題正是不夠善良，缺乏最基本的同理心，為了展現他們的一片「好心」，不惜往別人的傷口上撒鹽。

這些所謂的和事佬不知道，不是每句對不起，都能換來沒關係，何況，很多時候那些傷害過別人的人，連一句真誠的「對不起」都懶得說。他們壓根不覺得自己做錯了，那麼受害者為什麼要去原諒一個壓根沒有絲毫悔意的人呢？

對那些深深傷害過自己的人，不必強求自己去寬恕。有的時候，不報復，已經是最大的寬恕，不一定要以怨報怨，但也沒必要以德報怨。至於遇到那些動不動就勸你寬容的人時，請記住郭德綱的這句話：「那些不明白任何情況就勸你一定要大度的人，這種人你一定要離他遠一點兒，因為雷劈他的時候會連累到你。」如果下次還有人勸你寬容的話，你不妨直接回他一句「我勸你善良」。

09 哪一年，讓一生改變

我看過一部電影叫《沙漠之花》，故事是以名模華莉絲・迪里為原型改編的。華莉絲來自索馬利亞沙漠，那是一個盛產娃娃新娘的地方，她們中的絕大多數人沒有任何地位，被男人當成泄慾和生育的工具，一輩子都生活在壓抑和痛苦之中，而華莉絲也難以擺脫這樣的命運。

5歲時，她被行割禮。本來大多數女孩子要等到進入青春期才行割禮的，可她父親堅持華莉絲要早點兒接受這一儀式，理由是「為了避免她再次被姦淫」。

13歲時，她父親因為五頭駱駝的聘禮，要把她嫁給一個61歲的老頭做第四任妻子。父親要她出嫁時，她毅然決定抗爭。她可以忍受肉體上的痛苦，卻無法忍受精神上的凌遲。對她來說，嫁給一個60多歲的老頭做娃娃新娘，就等於用利刃一刀一刀割她的心，她怎麼也接受不了。

現在看來，華莉絲能順利逃出沙漠純屬奇蹟。這一路上險象環生，她先是被父親追趕，好不容易跑掉了，又遇上了獅子，還好她瘦得皮包骨頭，獅子可能對她沒什麼興趣，她才得以脫離獅口。又渴又累的她搭上了便車，結果司機試圖強姦她，她用石頭砸破了他的頭，才逃過一劫。

她一個人跑啊跑，赤著腳，在烈日的炙烤下奔跑。凡是在正午時分去過沙漠的人都知道那有多熱，多難熬。華莉絲的雙腿被沙子磨破，血跡斑斑，可她還是熬過來了。這場暴走在她的腳上留下了不計其數的疤痕。她剛剛做模特時，這雙傷痕累累的腳震驚了攝影師。

是什麼支撐她跑出了大沙漠？可能是那種一定要活下去，而且要活得更好的強大意志力吧！後來她寫的自傳《沙漠之花》的開篇第一句就是：「行走在生命之路上，會遭受風雨，會享受陽光，也會身陷無數颶風的風眼。一個人能否生存下去，完全取決於意志是否堅強。」

她跑到摩加迪休的外婆家時，看上去完全是難民的模樣，外婆驚呆了，認為她能活下來純屬老天保佑。

電影中反覆提到一個問題：哪一天是你生命中最重要的一天？很多人認為，是她在麥當勞打工時，被著名攝影師特倫斯・唐納德發現，然後他幫她登上了當年倍耐力的年曆封面，讚美她擁有「全世界最美的輪廓」的那一天。在一群白人模特中，華莉絲很快脫穎而出，與眾不同的膚色讓她擁有極高的辨識度，成為白人模特中一顆最閃亮的「黑珍珠」。

但我覺得，她決心從沙漠中逃跑的那一天，才是她生命中最重要的一天。從華莉絲決定出逃的那個晚上開始，她就已經決定親手掌控自己的命運。如果一個人連孤身穿越沙漠都不怕的話，那麼這個世界上就沒有什麼事情可以難倒她。她註定要出人頭地。

正是那一天，讓她的一生得以改變。

和華莉絲一樣，我們普羅大眾往往也會遇到至關重要的時間節點，在某一年的某一天，突然下定決心，決定從平凡的生活中突圍而出。

現在回想起來，對我個人來說，改變命運的是決心考研的那一年。剛畢業的時候，我被分配到一所小學教書，渾渾噩噩地度過了好幾年。每天工作之餘，我就和同事們一起打打牌、跳跳舞。那樣的日子很輕鬆，也很單調。有一天，同事們在討論退休後的事，我心裡忽然有一個聲音告訴我：我不要過這樣的生活，一眼就能望到盡頭。我想去更廣闊的天地，認識更多有趣的人，經歷從未有過的事。抱著這樣的想法，我決定報考當時一直很喜歡的一位老師的研究生。

周圍的人聽說之後，有大吃一驚的，有暗暗嘲笑的，大多數人等著看我的笑話。畢竟，我只是從中師（中等師範，相當於高中階段）畢業的，並沒有上過正規大學。專業課還好，我記性算得上上乘水平，可以靠死記硬背迅速提升，但最頭疼英語。以前中師是不設英語課的，所以我的英語水平還停留在初中階段。我在同學的建議下，買回了一套《新概念》，從第一本開始學。

我用的是很笨的法子，先從背單詞開始，每天規定自己至少背五十個單詞。記得我一開始學英語時，一篇文章中基本上有一大半的單詞我都不認識，全靠查字典。那時還在用文曲星，四本書學下來，我的文曲星也被按得快要失靈了。我學英語一度學到走火入魔的地步，吃飯時在聽磁帶，走路時念念有詞，連做夢都在背單詞。也許是我確實有點兒對付考試的天賦，這樣苦學下來，我的英語居然考了近八十分，而那時離我決定考研只過了一年時間。

這件事當然沒有華莉絲孤身穿越沙漠那麼困難，可也絕對不算容易。但同時那段時光正是我最美好的回憶，每天都過得很充實，每天都對未來充滿了憧憬。那時候的我還年輕，自信可以改變未來。

後來，我如願以償地回到了校園再次做學生。回想起來，那也是一段特別美好的時光，整個人意氣風發，總覺得自己在朝更好的生活一步步邁進，未來都在掌控之中。我幾乎整天泡在圖書館裡，如饑似渴地讀書，真的稱得上如饑似渴。我知道自己荒廢得太久，所以一心想把荒廢掉的時光都補回來。學校的教學樓附近有一架紫藤花，我常常捧著古籍在花下看，春天的風吹過時，紫藤花簌簌落下，感覺時間都變慢了。

截至目前，我仍然覺得備考的那一年是對我最為重要的一年，如果不是那一年所做出的努力，我可能還渾渾噩噩地待在家鄉的小鎮上，過著隨波逐流的生活，不知道自己要什麼，也不知道自己到底能得到什麼。最後的回報固然重要，但我覺得，即便努力的結果不盡如人意，那種為了理想去拼盡全力的過程也足夠精彩。

我是典型的摩羯座，天性中有勤奮苦幹的一面。回想前半生，每每覺得最美好的時候，恰好都是為了某個目標刻苦前行的時候。年齡日長，我越來越覺得，只有通過長期緩慢的努力達到目標時，我們才能收穫實實在在的快樂。

身邊也有很多朋友和我一樣，人生的轉機就出現在關鍵的某一年裡。我認識一個網名叫七天的小姑娘，大學畢業後一直生活在老家的小城裡。她個子不高，只有155公分，是典型的哈比族，但在如此嬌小的身軀裡，卻蘊含著驚人的勇氣與力量。和許多姑娘一樣，家裡父母對她的期待一直都是希望她找一份安穩的工作，嫁一個靠譜的男人，待在老家平平安安地過一輩子。她一開始也在老家廊坊待了一段時間，但很快就發覺這不是她想要的生活。

「我還這麼年輕，不想就這樣活一輩子。」抱著這樣的想法，她當機立斷辭了老家那份如同雞肋般的工作，租了一輛麵包車（廂型車），拉上自己的行李，就此晃蕩到了北京。

七天可能就是數百萬「北漂姑娘」中一個典型代表吧，她沒有出眾的美貌，沒有良好的家世，甚至連就讀的大學也不是什麼211[※2]、985[※3]，所擁有的只是一腔孤勇和滿腔熱血。剛到北京那會兒，她稱得上一無所有。她租住在沒有暖氣、沒有熱水器的遠郊平房裡，工資在交了房租後就所剩無幾，連吃一份麻辣燙都要考慮不能超過十五塊，感情上也不順心。她全心全意喜歡的男朋友覺得她有點兒胖，不願意再和她繼續走下去。

北京的生活確實很難，尤其是在沒有暖氣也沒有愛人的冬天。可是即使再難，她也沒有打過退堂鼓。她在電腦螢幕上打下了這樣一段話：「我喜歡這樣的北京，這裡有迷失的靈魂，也有倔強的人生。活在這個城市裡的你，擁有無限的可能。」北京對這個小小的女生來說確實太大了，可它的魅力也是無窮的，就是為了活出更多的可能性，她不顧家人的反對留了下來。

如今的七天，在一家知名互聯網公司任職，出版了一本暢銷書，也認識了一大堆志同道合的朋友。這樣的生活，都是她以前無法想像的，而在談及這一切時，她說，幸好那一年她選擇了這個大大的城市，而不是留在老家。

如果說華莉絲、我和七天的故事有什麼共同點的話，那就是當年我們都陷入了某種生活的困境，也都急於改變當時的狀態。其實很多人都遇到過這種困境，但絕大多數人往往難以跳出原有的生活，因為這樣必定會讓自己的生活發生巨大的改變。而改變就意味著未知的風險，意味著傷筋動骨、跌跌撞撞、碰壁流血都是在所難免的。

回首半生，我才發現，在人的一生中，真正關鍵的只有那麼幾步，所以這幾步怎麼走就是至關重要的。我始終相信，只要你有突圍的勇氣和不怕吃苦的決心，也許只需花上一年的時間，你就能扭轉自己人生的航向。就像那只坐井觀天的青蛙，只有在躍出井底時，才能看見更廣闊的天空。

※2　211：211工程，又稱211院校，意為「面向21世紀，重點建設100所左右的高等學校和一批重點學科的建設工程」。

※3　985：985工程，又稱985院校，是江澤民於1998年5月在北京大學百年校慶上提出的想法，和211類似。

10 你還在做一個「性格好、沒脾氣」的老好人嗎

一天深夜，我洗漱完正準備睡覺，忽然聽到了微信提示音，打開一看，原來是一個好久沒聯繫的老朋友包子發來的資訊。這條資訊只有短短一行字：「睡了嗎，如果沒睡方便聊聊嗎？」

我拿起手機，趕緊回了「方便」兩個字。她卻說：「不好意思今天實在太晚了，有點兒怕打擾到你，要不等你有空時再聊。」

我和包子認識至今已超過二十年，深知以她的個性，如果不是碰到了什麼事，絕對不會在半夜三更去打擾別人，哪怕這個人是相交多年的好友。想到這裡，我拿起手機，立即給她發送了語音通話的邀請。

手機嘟嘟嘟響了好幾聲之後，那邊才接通，包子的聲音在電話那端響起。和多年前一樣，仍然是那樣軟綿綿、怯生生的語氣，她說的頭一句仍然是：「不好意思，沒打擾到你吧？」

「沒有沒有，你和我就不用這麼客套啦！」我直截了當地說，「有什麼你就直接說吧！」

「嗚嗚嗚……」電話那頭的包子忽然哭了起來，一邊哽咽一邊含混不清地說，「這些年來，我實在太累了，感覺一直為別人而活……只是我不明白，為什麼我付出了那麼多，卻沒有一個人領我的情？這種日子，我實在忍不下去了……你讀過那麼多書，告訴我該怎麼做吧！」

我只好手忙腳亂地安慰她。在我的再三寬慰下，她總算平靜下來。也許人在深夜時特別容易坦露自己的脆弱，印象中一直把自己的情緒藏得很深的她，終於頭一次敞開心扉，向我倒起了苦水。

我和包子是在遙遠的中學時代認識的，那時的她剛從一家村辦中學轉到我們學校，完全是那種「鄉里妹子進城來」的感覺，整個人都流露著幾分怯意，看人的眼神都是躲閃的。一開始，同學們都不怎麼愛和她接觸，可能覺得她太土了。可後來，班上幾乎沒有一個人不說她好的，因為她的脾氣實在太好了。

包子的脾氣好到什麼程度呢？有個成語叫「唾面自乾」，意思是別人往你臉上吐一口唾沫，你連擦都不擦，只是靜靜地等著它自己變乾。包子有時給我的感覺就是如此，班上有些調皮的男生開始的時候愛拿她開玩笑，比如往她的桌洞裡放個癩蛤蟆什麼的，她總是一笑了之，從來不計較。

她的臉圓圓的，人白白胖胖的，有個促狹鬼給她起了個「包子」的外號，真是非常貼切。久而久之，大家都忘記了她的本名，都只記得「包子」這個外號了。包子這個名字真是名副其實，她就是傳說中的那種面人兒，特別溫和，特別友好，在她身上完全看不到一絲鋒芒，對誰都笑臉相迎。

印象中，包子總是笑眯眯的，似乎從來沒有發過脾氣。小組值日時，另外幾個同學都在打打鬧鬧，只有她一個人從頭到尾都在賣力地幹活；班上外出野餐時，大家都在打打鬧鬧只有她守在燒烤爐前，任勞任怨地烤著肉串。她的畫畫得不錯，當美術老師每次佈置下作業時，就有一大群同學圍在她身邊，求她幫自己代畫一張交差，她總是來者不拒，哪怕是給她取外號的那個促狹鬼，也常常叫她代勞。

她對誰都一團和氣，對誰都親親熱熱的。這樣的性格，往好了說是面，往壞了說就是慫。班上的同學雖然都喜歡找她幫忙，但要說真的很喜歡她、很重視她的話，卻談不上。

有一次，我和她分到一個小組做值日，另外幾個同學照例當甩手掌櫃，什麼都支使她去幹。我是一個暴脾氣，忍不住和那些同學吵了起來，一言不合，拉著包子的手就跑了，將爛攤子留給那群人收拾。就是那一次，包子開始對我刮目相看，理由是「我居然不怕和全世界為敵」（當然誇張了）。兩個性格截然不同的人，居然成了好朋友。我有時會慫恿她在遇到事時發發脾氣，可江山易改本性難移，她寧願自己吃虧也不願意開罪別人，還反過來對我說「吃虧是福」。

長大後，她把這種性格發展到了極致，誰提起她來，都會說，那是個超級熱心、超級願意幫忙的大好人。

在公司，她扮演的角色是貼心小姐姐，以任勞任怨出名，上至領導，下至同事，誰都可以將她支使得團團轉。大家平常叫她去複印打字什麼的就不說了，連叫個下午茶這種差事，也常常成了她的事。她每天忙得像個陀螺，不是在幫張三的忙，就是在替李四跑腿。同一個項目中，辛苦的活全歸她，這樣一天下來，她連自己的事都沒空幹。她忙成這樣，業務卻一點兒都沒精進，年末優秀員工的評選根本沒她的份。而跟她一起進公司的人，一個個早就已經升職加薪了。

在家裡，她是父母眼中最孝順的女兒，公婆面前最聽話的兒媳，丈夫最賢慧的妻子以及兒子最慈愛的母親。在父母和公婆面前，她不敢有脾氣，因為他們年紀都大了，輪也輪不到她發脾氣；在老公面前，她不忍有脾氣，因為老公工作壓力大，肩負著養家糊口的責任，她不想再給他增加壓力；在兒子面前，她就算有脾氣也不能發，畢竟現在都說什麼親子關係決定了孩子的未來。

她平常做什麼優先考慮的都是家人怎麼樣、孩子怎麼樣，卻唯獨忘了自己。父母生病時看護的是她，老公焦慮時安慰的是她，孩子做作業時輔導的是她，這樣就算了，過分的是，家裡每個人都可以在她面前肆無忌憚地挑剔和發火。就連她10歲大的兒子，也學會了看人下菜碟，在爸爸面前是只乖順的小綿羊，但到了她面前就變成了大灰狼，一點兒都不講理。

大家都說她性格好、沒脾氣，可這世上哪有沒脾氣的人呢？泥人也有個土性兒，她只是壓抑了自己的脾氣，一次次退讓和忍受，只為了讓大家相安無事。可是她忍啊忍的，卻並沒有人體恤她的付出。

壓倒她的最後一根稻草是老公的態度。平時都是她接送孩子，那天她淋了雨突然發燒了，便讓老公抽空去接一下，結果老公一聽就炸了，說自己忙了一天的工作，還要在公司加班，她卻連這麼點兒小事都做不了。那天她只得頂著昏昏沉沉的腦袋去接孩子，公交車都坐過了站，晚上終於忍受不了給我發了微信。

「我對他們都挺好的，為什麼他們一個個都對我這樣，連老公都這麼過分！」包子吐槽，「一個個都恨不得騎在我頭上拉屎，欺負我人好嗎？」

我嘆了口氣，告訴她，她這話還真的說對了，那些人之所以這樣對她，確實是欺負她人好。俗話說，「人善被人欺，馬善被人騎」，這話並不是說人不能善良，而是告誡我們不能無原則地善良。包子的問題，就在於她總是為了別人一再調低自己的底線。善良如果毫無底線的話，就會淪為懦弱，而懦弱的人，註定是要被欺負的。

在現實生活中，像包子這樣的人還真不少。他們總是過分溫和，對他們來說，最可怕的就是得罪別人。為了回避一切衝突，他們將自己的脾氣隱藏起來，表現得沒有一點兒攻擊性。可這樣的老好人，卻往往好心沒有好報。心理學上有一種效應叫作「阿倫森效應」，是說如果你習慣了對一個人付出，那麼一旦某天沒有滿足對方的要求，對方反而會懷恨在心。通俗來講，也就是我們所說的「升米恩，斗米仇」。

所以何苦要做個吃力不討好的老好人呢？關於這個，休閒璐在微博上發佈的內容說得好：「做壞人多好，可以理直氣壯地拒絕任何人的要求，可以說不，可以不用在任何場合做溫柔帶笑的那個人，可以不用忍受來自朋友過分的玩笑，可以想走就走。當我不想包容別人的自私，當我受夠了，當我不想再一直照顧別人了，當別人對我說惡毒的話，對不起，我說話比你沒素質多了。

「當你希望自己在別人口中是一個好人時，你要額外付出很多，而且要一直付出，永遠不間斷地付出。當你有一次付出少了，付出慢了，那他們就會說你是個王八蛋，說你變了。他們比誰都委屈，他們說你以前一直這樣，為什麼這次你變了。」

我把這條微博分享給了包子，她狠狠地表示，她也早受夠了，不想再做所謂的好人了，更不想再當受氣包。我相信這只是她氣頭上的話，因為以她的本性，是沒辦法完全做個「壞人」的。話說回來，與人為善並沒有錯，我仍然希望大多數人能堅持做一個好人，但千萬不要做老好人，那些不懂得感恩與珍惜的人，壓根就配不上你的忍讓與付出。

別再誤以為沒脾氣就等於情商高。我很喜歡蔡康永的一段話，他說：「把自己壓抑得沒脾氣，那當然不是情商，那是欲練神功，揮刀自宮。永遠對人笑眯眯的，那也不是情商，那是戴了個令人窒息的面具。」從今天開始，卸下你的面具，做一個真實的人吧！

11 你要nice，更要「耐撕」

我在刷微博時看到一個小姐姐和她的粉絲開戰了，一開始我的確有點兒吃驚，因為關注這位小姐姐多年，覺得她是一個特別溫柔可親的人，長相溫婉，性情也溫柔，這麼多年了，幾乎沒見她和誰發生過衝突，哪怕和男朋友分手了，大家也不會撕破臉，仍然可以和和氣氣做朋友。這樣一個人，怎麼會突然發飆呢？

圍觀了一陣，我終於搞清楚了前因後果。起因是她一個人搬家時太累，就調侃說想嫁一個搬家公司的老闆，結果卻被人吐槽說一把年紀還在裝小寶貝，將改變人生的希望都寄託在男人身上，這是對女性的矮化和物化之類的，而且說了不止一次。這位小姐姐其實一貫獨立自強，哪知道說了句玩笑話就被人上綱上線，在某人一而再再而三的挑釁下，她終於忍不住怒了，將事情的前因後果都寫了出來，並且放話，儘管放馬過來，姐姐我奉陪到底！

這話說得真是氣勢如虹啊！幾個回合下來，那個之前叨叨叨的粉絲一下就噤聲了。

她可能本來覺得此人良善可欺，沒想到一試之下，發現對方居然是個不好惹的角色，惹不起，那就只能躲了，頂多只敢弱弱地說一句：「你還不是仗著你是大V欺負弱小。」難道她主動用尖酸刻薄的話攻擊別人時，就沒有考慮過被大V手撕會是什麼樣的下場嗎？再說這事本來就是她理虧，和恃強淩弱完全扯不上關係。就像這位小姐姐說的那樣，身為大V，難道就只能任人諷刺不能還嘴嗎？那才是沒天理了。

這位小姐姐自己還開了一家微店。老實說她這樣在微博上和人開撕是有風險的，也許有些人會看不慣故意黑她，也許會有人故意去她店裡刷差評。這些她當然也考慮到了，但是她覺得這事已經超出可以忍耐的範圍了，所以索性拋開那些顧慮，痛快淋漓地吵一回。

那麼經此一役，她之前展現出來的溫柔可親的形象到底有沒有受損呢？至少在我個人眼裡，不但沒有減分，反而加分不少。經過這件事後，我更加喜歡她了，覺得她可柔可颯，平時溫柔似水，發起火來卻如此有殺傷力，簡直就是我心目中的俠女。

我發現並不是我一個人有這種想法，很多吃瓜群眾都和我的觀感相同，不少人對她表示支持，還有聲稱自己路轉粉的。

為什麼會這樣？我想是因為大家心中都是嚮往快意恩仇的，在小姐姐怒斥對方時，我們心裡的壓抑也隨之得到了宣洩。所以，看著她戰鬥力爆棚，我們一起叫好，只因為作為圍觀群眾的我們，一時間產生了幻覺，以為懟人的是你我，而被懟的，則是那個你詛咒了一百遍卻不得不賠上笑臉的某人。

我們喜歡這位小姐姐，因為她不但nice，而且「耐撕」。Nice很好理解，無非是美好、溫和，那麼「耐撕」呢？這算是一個新興的詞語，網上習慣於將與人發生正面衝突叫「撕」，而所謂「耐撕」，照我個人的理解，說白了就是指既不怕和人「撕」，又擅長於和人「撕」。

從小到大，我們都被教育要做一個nice的人，卻很少有人教我們如何做一個「耐撕」的人。也就是說，按照傳統的觀念，衝突是一件不好的事，好比練七傷拳，傷人又傷己，所以下意識地，我們就要避免一切衝突。在這種理念下，自然沒有人告訴我們，發生衝突時，到底應該如何處理。

可事實上，沒有人生活在真空裡，我們也沒有辦法一直佯裝歲月靜好，樹欲靜而風不止，就算你再nice，也難免會碰到一些人拿你當靶子，時不時地向你發射一槍。

這個時候我們該怎麼辦呢？如果一味nice到底的話，那就成了人們所說的慫包；只知道一直隱忍退讓，就成了傳說中的「忍者神龜」，憋了滿肚子的氣，將自己憋出了內傷，也不知道該如何回擊。

其實衝突本身並不可怕，只要應對得恰當，它不但不會損害你的人際關係，反而會讓你活得更加輕鬆自在。當衝突發生時，與其消極回避，不如正面應對，這樣才能解決問題。有些人可能擔心因此得罪人，但是仔細想想，那些膽敢肆無忌憚地跑到你的地盤撒野的人，他們在心裡有把你當回事嗎？對這樣的人nice，就是對自己殘忍，你需要做的，就是以彼之道還治彼身，讓他們見識一下你的脾氣，見識一下你不是一個任人搓圓捏扁的慫包。做一個只知道躲避的慫包，只會讓人看不起；做一個敢於回懟的人，才有可能贏得對手的尊重。

不必擔心這樣有違你做一個好人的原則，作為好人的典範，雷鋒同志也曾經說過這樣一句話：「對待同志要像春天一般溫暖，對待敵人要像秋風掃落葉一樣冷酷無情。」對那些無休止地挑戰你的底線、踐踏你的尊嚴的人，實在不必客氣，拿出秋風掃落葉一樣的氣魄，將他們橫掃出你的世界，最好是有多遠滾多遠。

要做一個「耐撕」的人並不容易，這意味著，你既需要擁有敢於面對發生衝突的勇氣，也得擁有處理衝突的智慧。也就是說，你得學會如何合理地表達自己的憤怒，而不是一味地壓制自己的怒氣。上百度查了一下，我發現網上居然還出現了一個所謂的「耐撕」指數：能夠承受「被生活撕拉」的能力，它是贏得美好生活的手段和智慧，已成為衡量現代人生存能力的重要指標。

從某種意義上來說，「耐撕」比nice的難度係數更大，也更利於我們的身心健康。擁有這項技能的人，相當於披上了一身盔甲，一般都皮糙肉厚一點兒，心理比較強大，不害怕得罪人。他們一般不會主動招惹誰，但一旦誰惹了他們，他們肯定會在第一時間回擊。他們輕易不發脾氣，可偶爾發起脾氣來就會爆發巨大的殺傷力。

就像前文所說的那個小姐姐一樣，她看上去溫和，實際上並不好惹。一個不好惹的人，活得比那些nice的人要痛快得多，因為她從來沒有壓抑過自己的真實情緒，她的內心是舒展的。一個懂得適時表達憤怒的人，才會讓侵犯他邊界的人知難而退，才能有效地捍衛自己的尊嚴。這樣的人，真正活出了自己，所以反而是極有魅力的。討厭他的人不敢輕易冒犯他，喜歡他的人則是發自內心地欣賞他。而那種試圖一個都不得罪的人，反而會落得兩邊都不討好的下場，討厭他的人可以肆意地攻擊他，喜歡他的人則往往哀其不幸、怒其不爭。

我相信大多數人不想主動去惹是生非，但我覺得，為人處世有一條基本的原則，那就是：沒事不惹事，有事不怕事。功夫巨星李連杰有一句話說得好：「忍無可忍，無須再忍。」碰到不長眼的人一再冒犯你時，該懟就懟，該罵就罵，受了氣之後不是畏畏縮縮地忘掉，而是痛痛快快地懟回去。來到這世上，我們都只能活一次，那就不妨活得痛快一點兒，才對得起這僅有一次的人生。我們nice的一面，應該只留給那些珍愛我們的人。對那些讓你不爽的人，你唯一需要做的，就是變得更「耐撕」一點兒。只有如此，我們才能在這個殘酷與溫暖並存的世界裡，溫柔而又堅強地活下去。

原則你擁有一張不好欺負的臉

12 做一個「自私」的女人有多爽

那天和幾個閨密聊天，我們無意中說起了男人和女人的不同。有一個閨密感慨說，中國男人最大的問題就是太自私了。她的原話是：「這男人啊，永遠都會把自己擺在第一位，哪怕是結了婚，生了娃，還是歌照唱，酒照喝，遊戲照打。我10歲的兒子都比他懂事，早知道這樣的話，我就是單身一輩子也不會結婚的。」

幾個閨密連忙點頭稱是。關於男人們是如何自私的，她們可以說上一個通宵。在她們的描述中，自家男人就像一個長不大的男孩，永遠那麼貪玩，永遠把狐朋狗友看得比嬌妻幼子還重要。他們好像總是有忙不完的事，要工作，要加班，要應酬，好不容易準點回家，也是癱在沙發上打遊戲，根本就沒有多餘的時間和精力勻給身邊的親人。

「搞笑的是，你一抱怨說太累了，他就會睜大眼睛做無辜狀，天真地說那老婆你多休息休息吧。他就不想想，家裡一大堆破事，他不管，我也不管，那還像個家嗎？」閨密A抱怨說。男人自私就算了，關鍵是他們還自私得如此理直氣壯。

為了避免大家成為祥林嫂，我趕緊轉移話題：「那你們說說看，中國女人最大的問題是什麼？」

幾個閨密不約而同地回答：「太無私了。」

的確，和中國男人相比，中國女人真的有點兒過於無私了。作家黃佟佟曾經寫過一本小說，書名就叫《女人是比男人更高級的動物》，想必這本書中的觀點戳中了很多女人的心事。如果無私是一種美德的話，那麼女人確實比男人活得更高級，也更樂於奉獻。

這和長久以來的性別教育有關。波娃有句名言：「女人並不是天生的，女人是被後天塑造而成的。」

在著名的《第二性》中，她指出：從搖籃時期開始，人們為女孩子設定的生活就是取悅他人，在沒有任何自主思想的狀態中完成她們的自然宿命，承擔不妥協的人生義務——婚姻和生育。妻子和母親的命運，是男人發明出來用以否認女性自由的。女人之所以成為女人，絕非單純的生物學原因，而是取決於社會制度和文明。

一個女孩子從呱呱墜地開始，往往就被周圍的人賦予了要做一個好姑娘的期待。在沒結婚的時候，她們要做好女兒、好姐姐；嫁了人之後，她們就要做好妻子、好母親。在家庭中，她們習慣了扮演照顧他人的角色，好像只有如此付出，才能滿足社會對她們的期許，才能證明自己確實是好女人。

相比而言，男孩們在成長的過程中很少會被鼓勵做一個單純的好人，社會期待著他們成為一個有用的人、一個強大的人，而在家庭中，他們則往往是被照顧的一方，可以想像，一個衣來伸手、飯來張口的小少爺，在長大後即便結了婚，當然也會自私得理直氣壯。

正因如此，很多男人都是抱著找媽的心態找老婆，嫁給這樣的男人，可能就避免不了會面對傳說中的「喪偶式育兒」和「保姆式妻子」的局面。環顧身邊的女性，你會發現她們在結婚前可能也是一個小公主，可一旦結婚了，很多人就淪為「聖母」了。專欄作家侯虹斌曾經寫過一篇文章，說中國女人得了病，不是公主病，而是「聖母病」。

聖母病的症狀是什麼呢？照我的理解，就是過度付出。維繫一個家庭當然需要付出，但如果總是停留在單方面付出，而且是超出了能夠承受的範疇，那就是一種病，得治了。據我觀察，很多人已經病得不輕，她們痛並快樂著，一個個像小母親似的，把自己的美貌和智慧一點兒不剩地奉獻給身邊的男人。如果真有乳汁的話，她們恨不得擠出半碗給身邊的男人，但結果往往是，她們把男人養得白胖有才人見人愛，自己這朵鮮花卻被榨幹了汁液，只有萎謝的份了。

這樣的女人，的確無私到了一定境界，她們好像生下來就是為他人而活的一樣，為此不惜無限度地擠壓自己的成長空間。最後，她們往往落得被男人嫌棄的地步，理由是她們

「完全在婚姻生活中失去了自我」。

和這種哺育型的女人形成鮮明對比的是那種「海綿女」。她們往往閱男無數，從每個男人身上都能吸收到精華化為己用，一個又一個男人用身體、用智慧、用才華、用金錢等各種養分將她滋養得越來越豔麗、越來越聰慧、越來越個性鮮明。

不是每個女人都能做「海綿女」，這需要一定的段位。但我覺得，在一段關係裡，身為女人不妨「自私」一點兒，適度自私有利於保持自我，也有利於兩性關係的健康發展。

比如王菲，她可能就是大眾心目中活得相當自我的一位女明星了。她是個徹頭徹尾的酷女孩，真正實現了想怎麼活就怎麼活。在我們這個盛產好女孩的國度，她實在是一個異數。

這種酷勁兒表現在她始終把自己的感受放在第一位，不屑於迎合他人，更不理會社會輿論。

這些年來，她結婚、離婚、再婚、又離婚，然後和謝霆鋒複合。兜兜轉轉，她做的事從來都是在追隨自己的內心。從香港搬回北京的她更接地氣，也更加放飛自我。她玩微博，寫段子，和童童在演唱會上互動，帶著兩個女兒一起在慈善舞會上尬舞。人們說她自毀形象，其實她根本就不在乎，就像她歌裡唱的那樣，「破碎就破碎，要什麼完美」。

很多女人做了母親後，不管是離婚還是再嫁，考慮最多的就是子女，王菲卻不一樣。當年她嫁給李亞鵬時，有記者恭喜她為女兒竇靖童找到了新爸爸，她冷冷地說：「童童有自己的爸爸，我是在找我的伴侶。」

做媽媽，她也不走尋常路。她會帶著孩子蹺課，領著女兒們一起熱舞，鼓勵她們去做自己喜歡的事情。她成功地證明了，做母親的女人完全可以不放棄自我，也能讓孩子們快樂成長。

這一點和張柏芝形成了鮮明對比。張柏芝看似叛逆，其實是很傳統的。她始終以世俗的規則來要求自己，結婚後用心相夫教子，盡力做一個好妻子；離了婚則用心做一個好媽媽。有時看她賣力的樣子，不禁讓人感歎：做個好妻子、好媽媽實在是太累了。

王菲不一樣，她仿佛活在規則之外，從來都不給自己設限。在她身上，你察覺不到與規則對著幹的戾氣，因為她壓根就視規則如無物。但令人驚訝的是，這個游離於規則之外的人，最終卻得到了她想要的一切：愛情、親情、事業和自由。

現在大家都在說「做自己」，可放眼整個娛樂圈，真正做自己的明星並不多，王菲就是其中一個，連宋丹丹在這方面都自嘆不如，評價自己「可以說是幾乎不作秀，王菲是從來不作秀」。

幾乎不作秀已經很難了，要做到從來不作秀更是難上加難。我們普通人尚且做不到，更何況是萬眾矚目的明星。

而王菲真的做到了，她從來不考慮世俗的眼光，愛做什麼就做什麼，做一件事的出發點總是「我喜歡」，而不是「別人怎麼看」。身為一個「自私」的女人，她這輩子活得實在太爽了。

作為王菲的粉絲，我也算是在普通人中活得比較「自私」的了。用朋友們的話來說，我從小到大都我行我素。我也曾經反省過自己是不是有點兒太以自我為中心了，沒想到後來不止一個朋友對我說過，她們非常羨慕我的生活狀態，羨慕我能夠尊重自己的感受，羨慕我在結婚生子後仍能繼續追求自己的事業，也羨慕我對他人的眼光從來都滿不在乎。其實我的內心並沒有強大到完全不在乎的程度，但可能是為他人而活的人太多了，才顯得我比較另類。

在傳統的環境下，自私通常是會被批判的。即使是我行我素如我，也曾因為這點而自責過。但在聽了那麼多關於無私奉獻的女人如何被辜負的案例後，我才恍然發現，其實稍微自私一點兒，也許並不是一件壞事。太過無私的女人，經常活得苦哈哈的，就像蠟燭一樣，照亮了別人，代價卻是燃盡了自己。

有本書叫《自私的基因》，按照書中的說法，人生來就是自私的，我們沒必要刻意去壓制這一天性。只要不傷害他人，人不妨自私一點兒，尤其是在目前這種環境下，女人更應該自私一點兒。在成為母親、妻子、女兒之前，最重要的是先成為自己。當然，兩者其實並不衝突。

時尚先鋒香奈兒曾經說過這樣一句話：「身為一個女人，你可以穿不起香奈兒，你也可以沒有多少衣服可供選擇，但永遠別忘記一件最重要的衣服，這件衣服叫自我。」我至今還穿不起香奈兒，但慶幸的是，那件叫自我的衣服，我一直穿在身上，希望你也別丟掉它。

13 把你寵上天的男友，有時是一種災難

逛論壇時，我發現有一個人發帖子說：「28歲了，想找個乾淨的、溫暖的、特別特別特別寵我的大叔。我們不急不躁地相處，然後結婚，好嗎？」

寵我，又是大叔，說真的，我怎麼聽著就像變相「求包養」呢！別說，和這個網友有相同需求的姑娘還真不少。在情感論壇，有不止一個姑娘表示，找男朋友沒別的要求，只要能很寵很寵自己就好。有一個小女生說，她就喜歡被人捧在手心裡的感覺。

捧在手心……姑娘，妳當自己是優樂美嗎？

這個詞，不知不覺成了一個為姑娘們量身定做的詞，總是有無數情感導師跳出來告訴你：

男人需要崇拜，女人需要寵愛；

找一個無條件寵愛自己的男朋友很重要；

真愛妳的男人，會把妳寵上天；

……

這些文章傳達的都是同一個意思：對女人這種生物來說，你只需要寵著她就行了。

網上有一段流傳甚廣的話，說出了這類姑娘的共同心聲：「我一生渴望被人收藏好，妥善安放，細心保存。免我驚，免我苦，免我四下流離，免我無枝可依。」

這話曾經被傳成是李碧華說的，後來有人澄清說不是的。我更傾向於相信這不是她說的。李碧華那麼直接通透的人，怎麼可能「一生渴望被人收藏好」！男人碰到她，怕是只有被收藏的份。

那麼，姑娘們所謂的寵愛具體指什麼呢？

某網站此類的熱門問題一大把，試舉一例，比如：「有一個很寵很寵你的男朋友是種什麼樣的體驗？」我隨便摘取了一些回答：

「我喜歡這個。」

「買。」

「我想要這個。」

「買買買！」

「這幾件衣服都好看……」

「那就都買！」

我給他的備註都是小爹地（爸爸）。妳們知道上天是什麼感覺嗎，他能把我寵上天！

妳又多了一個爸爸。

從此以後，妳不用剝蝦了。

…………

大部分答案看得我頭皮發麻，有種不太舒服的感覺。總結起來就是所謂寵上天，一是指經濟上，可以讓妳無休止地買買買；二是指生活上，飯來張口衣來伸手；三是指情感上，永遠無條件地讓著妳，妳說什麼都對，妳做什麼都好。

難怪心理學家武志紅概括說，中國人普遍的情感模式就是找媽，而對一部分姑娘來說，在家時被爸爸當成小公主一樣寵愛；等長大後，她們潛意識只是想找一個像爸爸一樣的人來把自己寵上天。

越是戀父情結深重的姑娘，越傾向於找個「糖心爹地」。

中國姑娘為什麼這麼渴望有人寵？可能是因為媒體也好，影視劇也好，都在塑造一種「女孩子就是要被寵」的輿論氛圍。都說女孩要富養，結果就使不少父母把女孩子當寵物一樣養大，等長大了再找個男人繼續寵著。

這種情感模式下，最終都會養出一堆完全沒有獨立性、只知索取不懂承擔的寵物女孩，怪誰呢？

不怕你們笑話，我20歲的時候也曾經把是否寵我當成選男朋友的第一條件，結果也如願以償了。直到結婚後碰到很多問題，我才對寵與被寵的關係進行了反思。

作為過來人，我不太建議女孩子把「寵」當成擇偶的必要條件，至於那種把你寵上天的男人，最好是離他遠遠的。

這是為什麼呢？

首先，寵與被寵，本質上是一種不對等的關係。

對中國人來說，「寵」這個字源遠流長。在漫長的男權社會裡，我們是沒有「愛」這個字的，只有「寵」。

寵，通常用來形容君王對妃嬪的過分偏愛，比如唐明皇對楊貴妃，就是三千寵愛集於一身。而在民間，這個字通常被用來形容男子對小妾的感情。

這麼看來，「寵」字幾乎成了男人對姨太太的專用詞語。男人們很少寵正室，他們把尊敬留給了正室。

所以「寵」這個字其實帶有男權時代的遺留色彩，雖然隨著時代的發展，它的外延有所擴充，但還是透露著一種濃濃的居高臨下的不平等。

只有姑娘們嚷嚷著要「寵愛」，卻從來沒聽男人們說過想「被寵」。

其次，寵這件事，往往是易變的，靠不住的。

男人可以寵妳一時，卻很難寵妳一輩子。所以古時候的那些妃子、妾，要想各種各樣的辦法來「固寵」，她們比誰都清楚，男人的寵愛太容易轉移目標了。

習慣被寵的女人在失去寵愛後會是什麼下場？在古代，她們通常會被打入冷宮，終日以淚洗面，紅顏未老恩先斷。三千寵愛集於一身的楊貴妃，最後也未得善終。

她們也不明白，男人為何翻臉比翻書還快，說好的要一輩子寵自己呢？

現代沒有冷宮了，可是有冷暴力啊。冰火兩重天的滋味，想想都不好過。

表面看起來，被寵的那一方在雙方的關係中完全佔優勢，但其實真正掌握主動權的是施寵的那一方。等你習慣了被寵上天，一旦有一天不再被寵了，那種從雲端跌落的感覺會好受嗎？

妳只要觀察一下人們對寵物狗的態度就知道所謂的寵有多靠不住了。小狗被寵時，主人心肝寶貝地叫著，簡直拿牠們當兒女一樣，可只要小狗拂逆了主人的意思，就會有被趕出家門的危險。

最後，寵與被寵這種關係，對雙方都有害。

被寵，往往就意味著依賴，而且是過分依賴。

那些讓男朋友縱容著一味買買買的姑娘，有意無意地都將對方當成了自己的自動取款機。

可能有些姑娘會說，你也太小瞧我了，作為一個新時代的獨立女性，錢我自己能掙，我要的只不過是被寵愛的感覺。

可是姑娘，比經濟依賴更可怕的是情感上的依賴。當妳習慣依賴一個人後，妳就會停止成長。妳的經濟是獨立了，可人格不獨立啊！如若妳失去了愛情，很可能整個人都會崩潰。

我常常聽見有些姑娘很自豪地說：「跟他在一起，我漸漸變成一個廢物，車也不用開了，飯也不用做了。」

我聽了之後出了一身冷汗，這樣看起來妳暫時是受益了，但長此以往卻失去了長進。妳有沒有想過，如果一段情感讓妳變成廢物，那它還是正常的嗎？

如果妳的男人是出於真心愛妳才無條件地寵妳，那妳就更應該幡然醒悟了。一開始他的確想把妳捧在手心裡，他替妳承擔了本應由妳承擔的那一部分生活責任。可男人也是血肉之軀，長此以往，妳說他累不累，一味地索取只會讓他想逃離。這才是寵愛難長久的真實原因，尤其是當生活遇到驚濤駭浪的時候，男人扛不住了，想讓女人幫忙分擔，卻忘了她早已被他寵壞，哪有勇氣分擔？君不見，古時老爺們家中如發生了變故，捲款出逃的通常都是最得寵的那個姨太太，她習慣了享福，沒辦法再跟你共患難。

任何一段建立在依附基礎上的關係，對當事人雙方來講都是一場災難。

我就是認識到上面這些，才毅然選擇去修正我和愛人之間的關係，不再一味地要求被寵愛，而是學著去分擔和承受。這樣收穫的不僅僅是一段更正常的婚姻關係，還有個人的成長與蛻變。

姑娘們通常都把寵誤解為愛，認為你有多寵我，就有多愛我。

寵和愛看起來很相似，但其實還是有些微妙的區別的。

按照現代心理學的定義，愛的前提，首先就是平等。在一段健康的情感關係中，雙方是平等的，父母對子女、丈夫對妻子，都不能把對方看成自己的附屬物，而是要將對方當成一個具有獨立人格、和自己平等的人。

愛還意味著滋養，如果一段關係不能讓你成長，而是讓你停滯不前，那這就不是真正的愛。

寵，顯然和這兩點無關。你何時見過寵物和主人真正平等過？愛的內涵比寵要豐富得多，它還包括尊敬、欣賞和理解等。所以判斷一個男人是否真的愛你，與其看他有多寵你，倒不如看他是否真正理解你、尊敬你。

時代在進步，婚姻早已不是一種依附關係，而是一種合作關係。在我看來，真正理想的婚姻關係，是兩個具有獨立人格的人因為愛走到了一起，他們彼此獨立，也互相支持。他們就像舒婷詩中的橡樹和木棉一樣，共用流嵐虹霓，共同分擔寒潮風雷，彷彿永遠分離，卻又終身相依。

寵這種東西，就當成調味劑好了，可以適當地用來增加生活情趣。至於能夠寵你一輩子的霸道總裁，電視上看看就行了，生活中存在的可能性微乎其微。

姑娘們總是渴望著有一個人能夠「免我驚，免我苦，免我四下流離，免我無枝可依」，卻忘了後面的話是「但那人，我知，我一直知，他永不會來」。

14 有些女人，唯獨在愛情上放棄了進攻

去年的最後一天，一個恢復單身的朋友問我：「我還有可能找到一個喜歡又靠譜的人嗎？」

我回答說：「首先妳得去找，光等是不大可能的。」

她立馬表示：「如果主動去找的話，那樣的人不靠譜。」

我：「……」

這類討論在我和朋友之間出現過不止一次，結果都沒討論出個所以然。因為我素來主張姑娘們要大膽地走出家門，去聚會去娛樂，多去認識一些人，而我這位朋友，信奉的則是「我若盛開，清風徐來」的原則，認為只要自己足夠好，總有一天會等到那個真心人。

就我有限的閱歷來看，身邊還真沒有一個矢志的獨身主義者，可那麼多想嫁、恨嫁的姑娘，卻出於種種原因長期保持著單身的狀態，活生生讓紅顏守了空枕。

是什麼讓姑娘們與愛情一次次擦肩而過呢？

起初我以為是社會對大齡單身女人的偏見，後來發現不是的，與其說是社會給她們設

限，不如說是她們在給自己設限。「你不要找，你要等」，就是她們給自己設定的限制之一。這句話是冰心對鐵凝說的，當時鐵凝大齡未婚，冰心就對她說了這句話。這本來是長輩出於憐惜對晚輩說的安慰之詞，結果卻被很多單身女性奉為情感上的金科玉律。

於是，很多姑娘就傻傻地在家等啊等，等著自己的白馬王子從天而降，等著有人來發現她獨一無二的美，等著清風徐來情花綻放。

在等待的過程中，她們也會千方百計地讓自己變得更好。像我那個朋友就是這樣，她在30歲之後，把自己活成了一個越來越美的勵志範本。她在少女時代有一些嬰兒肥，經常穿著肥大的運動服，看上去一點兒都不出挑。30歲之後，她忽然有一天覺醒了，拼命節食，瘋狂健身，很快就瘦了下來，配上得體的衣飾和精緻的妝容，認識她的人一個個都大呼驚豔，稱得上脫胎換骨。

工作上，她同樣積極上進，是當地一所最好的小學裡最優秀的那類老師，孩子們一個個對她無比貼心，家長尊敬她，同行也欣賞她。

這樣一個出色的好姑娘，怎麼就一直單著呢？莫非男人們都眼瞎了嗎？

其實男人們一點兒都不瞎，可再優秀的姑娘，你整天待在自己的殼裡，全身都散發著一種拒人於千里之外的氣質，難免會讓人望而生畏。

多少姑娘和我這個朋友一樣，有一顆上進的心，想要的東西都會拼命去爭取，可唯獨從來不爭取愛情。她們只盼望著愛情從天而降，試問哪有這樣的好事？

六神磊磊曾經分析過程靈素的性格，說她唯獨在愛情上放棄了進攻。其實不單程靈素如此，千千萬萬蘭心蕙質卻相貌平平的姑娘都容易犯這個錯誤。她們把自己修煉得七竅玲瓏、百毒不侵，卻不敢去追求自己欣賞的男人，因為她們本質上都太過自卑，害怕付出真心得不到回報，害怕一旦示好就會被人無情地拒絕。

她們心底就不大相信自己是值得被愛的。

所以她們才會奉行「你不要找，你要等」的理念，一是出於懶惰，等著天上掉餡餅；二是出於恐懼，害怕承擔風險。

可越是相貌平平的姑娘，就越要學會爭取自己的愛情。天上即使掉餡餅，砸中的也是最漂亮的姑娘，她們可以懶一點兒，這點一般人羨慕不來。

這個爭取，並不一定是要你去倒追。倒追是門技術活，不是每個姑娘都能掌握的。但你至少可以給自己多創造一些結識異性的機會，這樣才有可能遇到愛情。

可能有人會問，生活圈子這麼窄，去哪認識啊？其實只要你想，方法有很多。你喜歡健身，就去參加一些俱樂部；你喜歡爬山，就加入登山協會；你愛好文藝，就多去參加豆瓣的同城活動；哪怕你喜歡打麻將，也能借打牌的機會認識一些牌友吧，再不濟，還有各種相親網站呢。

寫到這裡，估計有人會反駁說，你說的這都是些什麼方法啊，這樣的地方能認識靠譜的好男人嗎？

不瞞你說，我有幾個朋友都是通過某網站認識了另一半，人家現在好著呢！所以你真的不用給自己設限，防備心要有，但別太重，大不了受點兒傷又如何。到了我們這個年紀，受點兒傷沒什麼，別太傷錢財就行。

認識只是第一步，第二步你可以篩選對得上眼的人進入約會階段。中國是沒有約會文化的，搞得不少姑娘對和男人約會特別慎重。其實大可不必，約個會而已，又不是訂終身。不多和幾個男人約會，你怎麼知道自己適合哪一個？要是你有心理負擔的話，剛開始就AA吧，談不成戀愛，做一個飯友也挺好。

如果你有幸遇到喜歡的男人，千萬不要往後退，你要相信，你配得上他的好。阻擋你們在一起的最大障礙，不是他的優秀，而是你的自卑。

約會也好，談戀愛也罷，這都是一個享受的過程，別太指望一次約會就能牽手成功，也別奢望一次戀愛就能白頭到老。

太看重結果的人，往往連開始都害怕，這樣下去只有錯過。情場如職場，你要輸得起，才能贏得到。

別再神道道地唸著什麼「你若盛開，清風徐來」了。你要盛開的話，也得開在一個迎風向陽的地方，若盛開的地方是一個幽閉的密室，那即使你開得再美也迎不來清風。

既然你骨子裡想嫁人，那就拿出想嫁的勇氣和決心。與其在家裡幽怨地唱著「我想我會一直孤單」，不如豁出去高歌一曲「我要找到你，不管南北東西」。

話說回來，我並不一味地反對所有類型的「等」，但我反對消極等待。積極等待是苦心經營後的順其自然；消極等待則是兩手一攤的不作為。消極等待者永遠都在等風來，而勇敢的人會不停攀登，主動去捕捉山頂的風。

多一點兒掌控，就多一點兒自由。從這個角度來說，主動尋找永遠比被動等待更自由，愛情如此，人生也是如此。

六神磊磊在那篇文章的最後說，如果程靈素能勇敢地說：「胡斐，我就是世界上最好的女人，我們在一起，好不好？」那該有多好，至少，已無憾。那些從不敢主動尋求愛情的姑娘，當以此為鑒。

只要拿出一半在職場上拼殺的進取心放在愛情上，你們必將在情場上所向披靡。

15 你還在想找一個事少錢多離家近的工作嗎

在我們家的親友群裡，有一位叔叔，他最近常轉發一些微信熱文，標題大多聳人聽聞，「拿什麼拯救你，我的孩子」、「多少90後，已成啃老族」、「當心，啃老年代已經來臨」……一副牢騷滿腹的樣子。

我問了我媽才知道，原來叔叔家裡有個女兒，大學畢業後換了好幾份工作，每份工作都幹不長，現在乾脆在家待業，靠爸爸媽媽的退休金過活。叔叔倒不是養不起她，只是見女兒如此不上進，天天長吁短歎，差點兒愁白了頭。

叔叔嬸嬸四處托人幫這個小表妹找工作，可能是有人替她操心，所以她本人倒是一點兒都不著急。前幾天到我這來玩，她每天都抱著筆記本電腦追劇。托她的福，我緊跟潮流知道了今夏最熱門的劇就是宮鬥大戲《延禧攻略》。不得不讓人感歎，時光真是催人老啊，我像她這麼大的時候，清宮戲還是小燕子的天下，現在魏瓔珞已經取代小燕子成了新的後宮偶像。

追劇的間隙我問她工作找得怎麼樣了，她漫不經心地搔搔頭說沒有特別滿意的。我們又聊起她之前幹的幾份工作，她忽然有些害羞，假裝捂著臉對我說：「哎呀姐姐妳別問了，我做的那些工作，妳肯定是瞧不上眼的。」

我們再熟一點兒後，她才肯告訴我她之前的職業經歷。在短短兩年之內，她做過企宣，當過文秘，在酒店當過前臺，最驚險的一次，差點兒入了傳銷組織的圈套。最近的一份工作是在一家仲介公司賣二手房，趕上我們省城限購限貸，半年裡她一套房子都沒賣出去，仲介公司是沒有底薪的，沒賣掉房子就沒有提成，相當於整整半年沒有收入。

「那妳這半年靠什麼生活？」我很吃驚。

「我又不花什麼錢。」她告訴我，父母在省城有房子，她有免費的地方住還不用出生活費，偶爾叔叔看她可憐發個紅包，足夠她在淘寶上買衣服用了。日子過得如此滋潤，難怪她一點兒都不著急！

「妳有沒有想過，為什麼妳換了這麼多份工作，卻一份都幹不長久呢？」我問她。

「哎呀姐姐，我都跟妳說了，這都是一些上不了檯面的工作，換妳妳也不願意幹的。」用她的話來說，那些都是沒人願意幹的「破工作」，「傻子才願意一直幹下去呢」！

「叔叔不是給妳介紹了一個工作嗎，聽說是大型國企，福利待遇都不錯。」想起叔叔那愁白了的頭髮，我忍不住勸起小表妹來。

小表妹很不屑地撇撇嘴：「妳別聽我爸瞎掰，那個什麼國企讓我先去工廠實習半年，姐姐啊，我可是一個大學生啊，雖然只是一個二本學校，但讓我去做女工，說出去同學都會笑話我的。」

「那妳願意去××房企做銷售不？這個妳多少有些經驗。」我退而求其次。

「算了吧姐姐。」小表妹繼續撇嘴，「房地產說不定很快就要迎來寒冬了，再說做銷售，又得整天站著，又得看人臉色，太累了，我一個女孩子，還是清閒點兒好。」

「要說清閒，妳之前那份文秘的工作就挺清閒啊！」

「哎呀，什麼文秘啊！其實就是一個打雜的，什麼都要幹，一個月掙的錢還不如妳寫一篇稿子呢！」

小表妹可能台劇看多了，我一聽她那個嗲嗲的「哎呀」，就覺得頭皮發麻。看在她爸以前經常給我零花錢的分上，我不得不耐心對她循循善誘：「那妳好好想想，妳到底想要什麼樣的工作？有了目標才好行動啊！」

「我嘛，就想像姐姐一樣，做自己喜歡的工作，掙得又不少，關鍵是，還不用看老闆的臉色！」她伸了個懶腰，舒舒服服地打了個哈欠，繼續坦白，「我嘛，不像姐姐妳那樣好強，我只想躺著就把錢掙了。」聽了這話，我一瞬間氣血上湧，頓時明白了她爸為什麼近來突然像老了10歲，攤上這麼個小祖宗，當父母的哪能不焦心！

小表妹別的本事沒有，察言觀色還是會的，見我臉色不對，就抱著我的胳膊撒起嬌來：「哎呀姐姐妳別生氣，我們90後都這樣的，不單是我一個人。」

我聽了內心只有呵呵，一時勸不了她，只好跑去網上查資料。我一查嚇了一跳，敢情表妹並不是在危言聳聽，一搜「90後」、「辭職」這樣的關鍵字，就被《90後是史上最愛辭職的一代人》、《工資並不低，為什麼90後一言不合就辭職》之類的文章刷屏了。90後當然不會像表妹說的那樣人人都待業、人人都啃老，但90後確實普遍比前輩們愛辭職。

為什麼愛辭職呢？可能是因為沒有找到自己理想的工作。那麼回到問題的源頭，到底什麼才是理想的工作呢？

我總覺得，現在有些年輕人對理想的工作有著不切實際的期待，他們對自己究竟要幹什麼並不明確，但對自己究竟要得到什麼卻往往很明確。他們心目中所謂的理想工作，概括起來就是事少、錢多，最好還離家近，付出得很少，得到得卻很多。就像表妹說的那樣，要是能躺著就把錢掙了才好。如果說，我們80後想要的只是致富，他們想要的則是暴富；我們想的還是如何努力掙錢，他們琢磨的則是如何輕鬆掙錢。很多傳銷組織正是衝著年輕人這種心理，用一夜暴富的傳說來吸引他們入局的。

一代人有一代人的思維方式，表妹這一代大多數有父母做依傍，確實比我們多了選擇的機會。但有一點並未改變，那就是大多數毫無背景的年輕人在涉世之初，只能從很低的起點做起。如果像我表妹一樣，在不同行業之間像個跳蚤一樣跳來跳去，數年下來浪費的不僅是金錢，還有青春。

這個時候你唯一能做的，只能是選擇一個相對有發展前景的行業，然後一個猛子紮進去，沉下心來從底層做起。不管是哪個行業，你在進入之初都是極其艱難的。新人們總是幹最多的活，拿最少的錢，就算是熬過了前面的那幾年，你也不可能過上事少錢多的悠閒日子。收穫通常總是和付出成正比的，整天躺在家裡的話，就算是天上掉餡餅也砸不著你。

其實很多一開始看上去並不怎麼樣的工作，未必就真的那麼沒前途。就拿房產銷售來說吧，我有一個髮小就是從賣二手房做起的，現在已經有了自己的公司，在省城坐擁六七套房產。人家也是從零底薪的小銷售員做起的，起點夠低了吧，可就是捨得鑽營，又能吃苦，不過十來年的工夫就噌噌噌上了好幾個臺階。

這些道理估計表妹都聽膩了，我靈機一動，以《延禧攻略》為例，說這就是一出「宮女升職記」，讓她說說女主魏瓔珞為何能從一名小小的繡坊宮女升為執掌後宮的令貴妃。表妹興致勃勃地總結了好幾條：首先，她業務精湛，繡藝和宮鬥技術一樣突出；其次，她會選平臺，長春宮明顯比繡坊平臺好；再次，她會討大ＢＯＳＳ的歡心，到哪都能成為老闆的心腹；最後，她屬於進攻型人格，想要什麼就不顧一切去爭取，不會等著機會落到自己頭上……

等她說完了，我特意看了她一眼，補充道：「還有很關鍵的一點妳沒有注意到，魏瓔珞這個人其實是步步為營的，而且沉得住氣，靜得下心，並沒有幻想著一步登天，要是一開始她在長春宮的時候就向皇帝邀寵，妳猜結果會怎樣？」

「那不就得落得和爾晴一樣被嫌棄的下場了？」表妹眼珠子一轉說，「姐姐我明白妳的意思了，妳是讓我向魏瓔珞學習，讓我一步一個腳印呢！」

這個表妹，雖然慵懶了點兒，倒是一點就通，懂得舉一反三。當天晚上，她居然破天荒地沒有追劇，而是在網上搜起了招聘資訊。我衝她笑了笑，深感孺子可教。誰知她一得意就忘形，又跟我誇下了海口說：「姐姐，妳就等著吧，我很快就能找到我的長春宮了。」我趕緊給她潑了盆冷水：「還長春宮呢，妳先找到一家繡坊能收容妳就不錯了。」

表妹吐了吐舌頭，繼續投簡歷。希望她這次應聘成功後能堅持一段時間，不再嫌棄工作太累錢太少。想想看，她的偶像魏瓔珞，在繡坊裡是一流的繡女，被發配去刷馬桶都要別出心裁地加上芳香製品，有這樣的心氣兒，起點低又如何，照樣以火箭般的速度一路升遷。

16 好朋友疏遠了，要不要挽回

（1）

我打開微信，有一個讀者給我留言，說她曾經最好的朋友已經整整四個月沒和她說過話了，她們以前好得經常睡一張床，彼此有心事了會第一時間和對方分享。後來她換了新的工作，朋友仍在原單位，生活漸漸沒什麼交集了，從一開始每天不在微信上聊個幾分鐘就受不了，到現在看到對方的狀態連讚都不想點了。

「我看了你那篇《那些為你連讚都不點的人》，心裡很難過，我那個好朋友，已經很久沒給我點過讚了，我曬自拍、曬美食、曬旅行，她都視而不見。」她發來一串哭泣的表情，又說，「但我還是堅持給她點讚，畢竟我們曾經是那麼好的朋友。」

看到這兒，我心裡不禁嘆了口氣：傻姑娘，這種光憑點讚維持的友誼，又能夠持續多久呢？更何況還是單方面的點讚！

微信就是這一點殘酷，它會放大人和人之間的疏遠距離，讓你們的漸行漸遠變得清晰可見。開始我們都興致勃勃地在對方的微信朋友圈留言，後來漸漸變成了點讚之交，後來又變成了讚也不點之交，最後乾脆設置了不讓對方看朋友圈，以免讓自己失望。

有多少「好朋友」，最後消失在你的微信上了？社交媒體的發明讓你們之間的疏離變得無處遁形，你看著曾經的朋友和其他人談笑風生，唯獨繞過你的朋友圈從不點評，於是再也無法裝作什麼都沒有發生。

有人說得好，微博是一群不認識的人互相關注，聊著聊著就成了好朋友；微信卻是一群認識的人聚在一起，慢慢地發現對方其實是一個陌生人。

這是多麼痛的領悟！

（2）

這是一個特別容易走散的年代，有多少朋友，走著走著就散了？

有兩種走散，一種是空間上的走散。這種是最常見的，你去了一個新學校，到了一個新城市，換了一個新工作，就會不可避免地失去一些老朋友。

我以前在老家時，有一批刎頸之交，用我的一個長輩的話來說，你們這些小姐妹啊，都是喝了血酒的。那時候我們幾乎天天膩在一起，一起吃飯，一起玩，晚上也要擠在一張床上，不知道怎麼會有那麼多話要說，怎麼說也說不膩。

後來我到了中山，和這些姐妹不可避免地疏遠了很多。畢竟，生活圈子已經完全不一樣了，共同語言也沒有以前那麼多了。

另一種是心靈上的走散。

你們明明還在同一個城市，同一個地方，可對事情的看法不一樣，愛好不一樣，做出的選擇也不一樣，彼此間漸漸有了隔膜，慢慢那層隔膜變成了一條河流，橫在你們中間，湯湯流動。

心靈上的走散比空間上的走散更讓人難受。分隔兩地的疏遠是自然而然的，心靈上的疏遠卻是在一瞬間切斷的。前者是距離上的原因，後者卻是即使我站在你的面前，也不知道該跟你說些什麼才導致的。

我曾經有一個特別要好的朋友，好到可以向彼此說最深的秘密，好到覺得人生有了這樣的知己已經足夠。就是因為她對我太好了，以致於我有些放肆，等我察覺到裂痕時，那段關係已經不可挽回。

（3）

年少時崇尚朋友一生一起走，可那麼多說好了要一輩子做朋友的人，最後還是落得形同陌路，就像歌裡唱的那樣，「為何舊知己在最後變不到老友」。

最難受的是至交之後的冷漠，聽陳奕迅唱「來年陌生的，是昨日最親的某某」，總會讓人想哭。

這種心痛，我有過，想必你也不陌生。老實說，對我這個年紀的人來說，每失去一個真正意義上的好朋友，就像剜肉削骨一樣痛。你知道生命中的一部分永遠失去了，可只能眼睜睜地看著他離開，連淚也不曾流。

難怪古人上了年紀後都會感歎：「故人好比園中樹，一日秋風一日疏。」

好朋友變得生疏時，到底該不該挽回？這是文章開頭那個讀者問我的問題，也是我一直在糾結的問題。

思考了這麼久，我終於可以告訴她答案：還是不要了吧！

所謂朋友，就是我們所說的同路人。可能很多人結伴走著走著，就會發現身邊的人並不是同類。很多時候，你失去了一個朋友，是因為你們本來就不是一路人，只是誤以為是一路人，你們的三觀、選擇完全不一樣。本來是相伴同行的，後來走上了截然不同的道路，分道揚鑣是在所難免的。

友誼這種事，和愛情一樣是需要對等的，任何單方面的付出都難以長久。一段友誼破裂後，如果你是想挽回那個人，就說明你恰好是被拋棄的那個人。對方疏遠你的時候，就是她決定離開你的時候，這時如果你還一味地苦苦挽留，只會讓對方心生反感。

你永遠都無法挽回一個已經不喜歡你、不認同你的人，愛情如是，友誼亦如是。珍惜得是雙方面的，認同也得是雙方面的。所有苟延殘喘的友誼，最後都難以維繫。

所以還是親疏隨緣，來去由人吧！

如果你們彼此還有情意，那麼等到再相遇時，會自然而然地又走在一起，就像我和我老家的小姐妹們一樣，在經過若干年的分離後，再聚首仍然倍感親切，又重拾了往日的友情。

（4）

也許你會說：「可我還是捨不得啊！」

那就試著去挽回一次吧，一次就好。過分糾纏，換來的往往是自取其辱。

坦白告訴你吧，高冷如我，也幹過這種試圖挽回的事，結果就像我預料的一樣，只不過是自取其辱罷了。

我希望你能比我幸運。

關於感情，有句話說得很好，「很高興你能來，不遺憾你離開」。我沒有這麼灑脫，可儘管心中遺憾得要死，我也不願意再去挽回。

很多人不肯斬斷這種貌合神離的友誼，就是為了營造「我們仍然是好朋友」的假像，不想落得沒朋友的局面。還是余華最灑脫，他說：「我不再裝模作樣地擁有很多友人，而是回到了孤單之中，以真正的我開始了獨自的生活。有時我也會因為寂寞而難以忍受空虛的折磨，但我寧願以這樣的方式來維護自己的自尊，也不願以恥辱為代價去換取那種表面的朋友。」

如果好朋友執意要離開你，那就目送他離開吧。對於這段友誼，你唯一能做的，就是不做無謂的解釋，不做無用的挽留。

君子絕交，不出惡言。相對無言，不如相忘於江湖。

感謝你曾經陪我走過一程，不打擾是我給你最後的溫柔。

17 一起瘋過愛過胡鬧過，這才是青春啊

昨天我在朋友圈裡轉發了押沙龍寫的一篇文章，題目叫《終不似，少年游》，出自劉過詞中的名句：「欲買桂花同載酒，終不似，少年游。」

顧名思義，這是一篇懷念青春歲月的文章。押沙龍一貫理性，但在這篇文章中卻呈現了難得的感性的一面，他充滿留戀地回憶起以前：「幾個年輕人坐在馬路邊上，看著街上的車水馬龍，看著霓虹燈，天南海北地聊天，似乎能一直說到天亮。」同時他又不無傷感地表示，「人不可能永遠年輕。人不可能永遠坐在馬路邊上，聊個沒完。所以，《生活大爆炸》這樣的電視劇最終就是要停機，就像我們最終都會年華老去，就像我們和年輕時代的朋友，最終會漸行漸遠。」

當時正是下午，我看著這些話的時候忽然有種流淚的衝動，轉發之後，朋友們紛紛評論，表示被戳中了。

一個朋友留言說：「我經常回想起當年本科時和一群好友廝混的日子。我們一起見過許多次通宵的大學城，爬過許多個小山坡，吃遍城裡各個高校，唱遍附近的KTV……不受

父母管，又沒有負擔，快活得不像話。現在想來，美好得恍如隔世，是我許多個時刻的精神鴉片。我的青春還是沒白過，值了。」

小表妹也留言說：「曾經一起軋馬路吃炸串通宵打牌侃大山的日子多美好，我們終究會老去，但不希望和年輕的朋友漸行漸遠。『故人今在否？舊江山渾是新愁。欲買桂花同載酒，終不似，少年游。』」

這篇文章就像一架時光機，搭載著我們瞬間穿越到曾經的年少時光。江湖傳言我是一個習慣於獨來獨往的人，其實那只是一種假像，就像村上春樹的小說所言：哪裡是喜歡孤獨，只是不想勉強交朋友而已。真正熟悉我的人都知道，其實我最嚮往的就是能夠和我的朋友們住在同一個城市，過一種呼朋引伴的集體生活。

回顧半生，幸運的是，我真的曾經擁有過這種最嚮往的集體生活，雖然只是曇花一現地存在過。

在我小的時候，電視劇《少林寺》熱播的那陣，我和小夥伴們相約集體離家出走，結果走出十幾里的時候，腿肚子開始抽筋，肚子也餓了，我們又只好懷著一腔孤憤回了家。月光好的夜晚，幾個膽子大的從家裡偷來米酒，我們一邊在月光下打牌閒扯，一邊故作瀟灑地喝著酒，天知道那酒有多烈多難喝，但是誰敢不喝呢？

下雨天，我們特意神經兮兮地爬上後山，找一棵亭亭如蓋的茶子樹，弄些茅草樹葉放在樹冠上，就成了一柄天然的大傘。在小朋友的眼中，這可不是一把普通的傘，而是我們安身立命的門派。其中最神經的一個將其命名為「飄香樓」，並拿小刀在樹幹上刻下了這三個字。於是幾個小神經極其嚴肅地撮土為香，結拜兄妹，發誓從此後有難同當有福同享。為了使結拜更具儀式感，我們在下山後還找來真正的香，忍痛在各自的手腕處燙了一個印記。現在想來，那得有多大的勇氣啊！如今我的左手腕處還有一個疑似半月形的疤痕，提醒著我當時的名號中是有一個「月」字的。不瞞你們說，最神經的那個小朋友正是在下。

還有，我剛畢業在家鄉小鎮教書時，還不到20歲，那時候的我簡直算得上年輕無畏，愛熱鬧、愛出風頭，十二萬分地相信孤獨的人是可恥的，一到週末就忍不住呼朋喚友，正是因為這樣貪玩，才結識了小龍、娟子這幫人。

小鎮實在沒有什麼娛樂生活，一大幫人聚攏在一起無非打牌唱K，但是年輕的朋友一碰面，即使是啥也不幹純粹坐在一起瞎扯淡，也覺得言笑無厭樂不可支。這是一個奇異而和諧的圈子，小龍愛唱歌，明明最老實，小王常常以婦女之友自居，娟子熱情開朗，郭豔總是很沉靜，而我呢，一張嘴從來都沒閒過，每次都是嘰嘰呱呱地說個不停，尤其愛笑，每次一笑，小龍就開始給我計時，最誇張的一次整整笑了三分鐘。

我記得那一年我們迷上了跳交誼舞，舞廳的霓虹燈才亮，我們就三五成群地往裡面趕。一次跳到舞廳關門才回學校，大家只覺得不盡興，於是又在學校前的小操場雙雙跳了起來。

我清楚地記得，那一夜的月光很好。在如水的月光下，有人輕輕哼起快三舞曲，大家誰也沒有說話，只是靜靜地、靜靜地在月下起舞。我已經記不清，那一群人中分別有誰和誰，我甚至想不起那夜誰是我的舞伴。他們就像曾經盛開在我生命中的那些花兒，如今已不知散落何方。

我記得我們一起通宵打過牌唱過K，一起登過佘湖山，一起摘過野烏莓，還一起上山採過蘑菇。明明家做的蒸蘑菇實在是太香了，老實說，我和娟子趁大家不注意的時候，在廚房裡偷吃了很多。不管是誰過生日，另外一夥人就相約著去給他慶生。我記得我20歲生日的時候，他們就團團坐了一桌，小龍和明明合夥送了我一塊掛件，上面畫著一隻展翅欲飛的大鵬。「這個掛在家裡多神氣啊！」小龍說。這個掛件至今還掛在我老家的臥室裡，黑底描金的大鵬，的確很神氣。

小夥伴中，我和小龍最親近，他有很多趣事。比方說他愛唱歌，有一次去他宿舍玩，經過一個通風的過道時他忍不住咿咿呀呀地唱了起來，我們誇他唱得真是中氣十足啊！他得意地說：「那當然，你們知道嗎，這個風口是最佳的練聲場所，我就是在這兒唱得多了才有中氣！」我們笑得直打跌。後來每當我路過這種過道時，都會想起他對著風口唱歌的樣子。

不知從什麼時候開始，這個小圈子就慢慢地散了。大家都有各自要忙的事，有的忙著打拼事業，有的忙著泡妞戀愛，娟子和郭豔相繼結了婚，新郎都不是我們圈子裡的人。反倒是我，還和他們保持了一段不鹹不淡的聯繫。生日的時候雖然不再串門，彼此還會記得發個短信。再後來呢，我的手機中不再有他們任何一個人的電話，我們就這樣，各自奔向了不同的天涯。

回想起來，那時候，世界和我們都很年輕，我們只需要敞開心扉，憑著直覺去結交天下值得交的好朋友。這個值得交的標準無非四個字——氣味相投。我們在茫茫人海中一見如故，我們大塊吃肉大碗喝酒，我們拊掌大唱《滄海一聲笑》，我們在月光下跳舞，我們在一起即使什麼都不做，那也是最美妙的時光，因為我們心心相印。

我想不單是我，大多數中國人也嚮往這種美好的集體生活吧，所以古龍的《歡樂英雄》才這麼有市場，所以蘭亭集會、曲水流觴之類的聚會才演變成國人心中最美妙的一幕，所以竹林七賢、商山四皓才如此令人景慕。在中國的隱居文化裡，最理想的隱居方式並不是離群索居，而是和三五好友，相與遁世。即使高潔如陶淵明，歸農之後都惦念著要移居到另一個村子，「聞多素心人，樂與數晨夕」，因為那裡有志同道合的好朋友啊！沒有朋友的生活將會怎樣？簡直不值得一過！

可惜的是，就像押沙龍所寫的那樣，沒有人會永遠年輕，也沒有人會永遠坐在馬路邊上聊個沒完。我終於明白，如果把人生比作一段旅途，那麼朋友就是你在途中遇到的旅伴，曾經親密無間，走著走著，就突然走散了。

我們的身邊，會不斷有新的旅伴。時間每過去一天，舊日朋友的影子就淡去一分。或許有一天，我們終將相忘於江湖。但是他們會留下他們的印跡，在很多地方。我們是彼此青春的見證者和參與者，我們的腦海裡都有一座純真博物館，收藏著對方最單純最熱血的樣子。當昔日朋友再相會時，不管如今的我們有多平凡多潦倒，只要出現在彼此面前，我們就會短暫地穿越回去，再次擁有屬於少年的純真。

值得慶倖的是，在我年少輕狂的時候，我曾經遇上過這麼一群人，一起瘋過愛過胡鬧過，為彼此蒼白的青春增添了一抹色彩。少年時我很喜歡古龍，作為一個寂寞的現代人，我是多麼嚮往他筆下歡樂英雄們的群居生活。很喜歡馮唐寫給古龍的兩句短詩：「一個有雨有肉的夜晚，和你沒頭沒尾分一瓶酒。」我想把這首詩，獻給我所有的昔日故友，青春路上，謝謝你們曾與我同行。

願你擁有一張
不好欺負的臉

18 重逢是比相遇更美好的事

在朋友的強烈推薦下，我終於看了那部聞名已久的《陽光姐妹淘》，結果那個晚上我在深夜裡哭得像個孩子。電影講的是患上絕症的春花，托好友娜美重新尋回當年sunny團隊的七個姐妹淘的故事。命運各不相同的朋友們，二十五年後終於重聚，而那些關於青春的回憶，也逐漸在找尋的過程中被喚醒。

所謂的「sunny」，其實就是一個「不良少女團隊」，一起笑、一起鬧、一起打架、一起叛逆，年輕的時候，一個個狂跩酷炫，少年心事當拿雲，幻想著能夠出人頭地，結果長大成人後大多墜入凡塵，過著庸常的生活。我看到sunny團隊二十五年後再跳起當年一起跳過的舞時，眼淚潸然而下，一下子觸動了塵封在內心最深處的回憶。

誰的年少不輕狂呢？我的中學時代，正是香港電影《古惑仔》最流行的時候，受此影響，我和幾個玩得好的同學也結成了類似的小團體，還一個個按年齡排行，結拜成七兄妹，我還記得我們是四男三女。我們也是那種讓老師深感頭疼的不良團隊，整天廝混在一起，說著別人不理解的切口，叫著彼此取的外號，在校園裡招搖過市，動不動就和老師頂嘴，還集體蹺課去錄像廳看電影。

我那時的性格有點兒像《陽光姐妹淘》裡的春花，是個假小子，跩得鼻孔朝天，最熱愛的事就是和老師對著幹。可能是因為叛逆卻又成績好，所以我成了小團體的核心人物，朋友們團結在我的周圍，隨時等著聽從號令來大幹一票。

可學生時代有什麼值得大幹一票的呢，我們做過最多的事無非就是逃了課在馬路上晃晃悠悠，雙手插在褲兜裡，一路走個不停，嘴巴裡也說個不停，仿佛可以一直走到天涯的盡頭，也可以聊到天荒地老。回想起來，不知道那時候的我們怎麼會有那麼多話可以說。

其實人在青春期都是有些孤單的，特別是像我們這種桀驁不馴的非主流少年，倍感寂寞，所以更加需要友誼，也更加渴望同類的支持。只有在那個年紀，我們才會把朋友看得如此重要，才會願意為了朋友兩肋插刀。

我記得有一次我因為上課埋頭看小說，被老師勒令滾出去，從此不准再進來，這時後排齊刷刷地站起來幾個人，頭也不回地隨我走了出去，都是我的兄弟姐妹。七個人在校園裡遊蕩了幾天，自以為義薄雲天，卻不知老師們都大為光火。

我們學校旁邊有一條集吃喝玩樂於一體的街，叫「墮落街」，我們在「樂樂精品店」中淘全城最便宜的飾品，在晚風ＫＴＶ的大廳中花上十元錢秀秀各自的歌喉，去紅蘋果餐廳吃最聞名的肥腸火鍋，晃蕩得累了，就花兩元錢到寰球影院去看一場最新的大片。我們窮得叮噹響，可是我們無比快樂，因為我們彼此肝膽相照。

有一次，我們幾個人無事可做，便手拉著手從墮落街這頭走向那頭。我們曾一起用腳步丈量過，將整條墮落街走完正好981步，當然，我們用的是「平均步長」。

那個晚上，我們一直不斷地行走，周圍的人來來去去，笑語喧嘩，可在我們眼裡，只有這群好朋友。我們從這頭走過去，「一二一、齊步走」的981步；我們再從那頭走過來，仍然是整整齊齊的981步。不知走了多少遍，當周圍的人都慢慢散盡時，我們才發現，平時熙熙攘攘的街道，居然變成了我們七個人的墮落街。

「好傻啊！」當時，同學們無不把我們「步量」墮落街當成一件糗事。

直到多年以後，我才發現，那件看來最傻的事，已成了我年少時最美好的回憶，再無機會重演。

那時候我以為，我們會永遠都這麼相親相愛。周華健的《朋友》是我們最愛唱的歌，我們相約要做一輩子的好朋友。可是我後來才知道，一輩子太長了，年少時的朋友，很快就各散天涯，就像歌裡唱的那樣，「朋友一生一起走，那些日子不再有」，我們逐漸各自散落在人海，彼此再不聯繫。

正因為有過這樣的經歷，所以我在讀劉墨聞的新書《請你記住我》時特別有共鳴。說起來，我和劉墨聞也算是當年一起在豆瓣寫過文章的人，也聽說過他是豆瓣上最會講故事的90後。這部小說是他的首部長篇，主題正是關於青春，關於成長，關於那些回不去的年少時光。

青春總是相似的，不管是80後還是90後，大多數人的青春是如此類似，一樣殘酷，一樣熱血。劉墨聞在這本書裡講述的，正是這樣殘酷的青春，一個是無法辨識別人面孔的患病女孩，一個是有暴力傾向的問題少年，他們彼此相遇又錯過。環繞在他們身邊的，還有一個天生有易裝癖的俊美男孩，一個叛逆孤傲的單薄少年，一個以保護者自居的胖男孩，他們五個人組成了一個小團隊，同樣是非主流的邊緣團隊。每個人都很另類，每個人都有難以彌補的缺憾，但五個人湊在一起，就是一個完整的圓，彼此取暖，彼此信任，誰都不可或缺。

女主角許橋患有一種名叫失認症的病，總是記不住陌生人的樣子，男主角劉讓秋想盡各種辦法教她如何記住自己，這也是書名《請你記住我》的由來。他們都把對方當作自己的依靠，一起大合唱，幫助殘疾的同學抵抗學校，一起攢錢去看演唱會。後來劉讓秋為保護許橋和老師發生衝突，進了少管所。許橋考上了北京的音樂學院，兩個人因此而失散，直到北漂的劉讓秋在電視上看到許橋，他決定要再次回到她的身邊。

老實說，看書的過程中，我有時也會覺得劉讓秋他們年輕時挺判逆的，做的事也挺傻的，可正如書中所說的那樣，「為一件事，付出所有，揮灑精力、錢、時間，別問這件事值不值，犯不犯得上，這就是年輕」。是啊，縱使日後各自成功，又怎麼比得上當初一起犯傻的日子呢？每個人都有一段青春過往，一段不堪回首的歲月。觸動我的是，在這本書裡，你總會找到能讓你對號入座的一段記憶，總會發現觸及你內心深處的那個操場，那首歌，那所學校，那座城市。

故事的最後，作者安排劉讓秋和許橋重聚了，特別喜歡結尾的一段話，他寫道：「人總會被生活打敗，但有重逢、相聚、愛和陪伴，這些短暫的勝利，賦予我們活下去的勇氣和力量。」

到我們這個年紀才會發現，人生就是一個不斷走散、不斷失去的過程，正因如此，我們才期待重逢、期待相聚。既然青春註定留不住，也請一定記住對方，這樣就算到了老去的那一天，還有回憶可以溫暖我們。

想起陳與義的一首詞：「憶昔午橋橋上飲，坐中多是豪英。長溝流月去無聲。杏花疏影裡吹笛到天明。二十餘年如一夢，此身雖在堪驚。閒登小閣看新晴。古今多少事，漁唱起三更。」長溝流月去無聲，儘管歲月的長河奔流不息，那些曾和你在杏花疏影裡，吹笛到天明的夥伴，又怎會輕易遺忘？

看完這本書後，我忍不住找人打聽到了昔日小夥伴們的微信，還建了一個群，把他們都拉了進來。那一天，我們聊了很久很久，昔日的情感也一點點被喚醒。這些年來，我們曾經疏遠過，也曾被歲月改變了模樣，但好在我們都還記得對方，縱然好久不見，也並未變得陌生。聊著聊著，好像過往的歲月又回來了，至少在彼此面前，我們又回到了年輕時的樣子。

你年少時的那些朋友呢，是否已經消失在人海？好久不見，他們都還好吧？不要猶豫，試著去聯繫一下他們吧！我一直覺得，和相遇相比，重逢才是更美好的詞語。曾經弄丟了的人，我們要親自找回來，然後互相約定，就算老了，也一定不要忘了彼此。

願你擁有一張不好欺負的臉

19 陌生人，謝謝你用善意溫暖我

初到麗江時，古城門口的大水車給了我驚豔的感覺。不知道是不是因為我過分懷舊，凡是和農耕時代有聯繫的一切器具，均能給我以無窮的美感享受，包括這個徒具觀賞價值的大水車。

可背著包匆匆走了一圈，我很快就對這裡膩煩了。每條大街小巷，每個胡同角落，到處都是人，人流滾滾，滾滾人流，那人口密度，比我在北京王府井見到的還要密集。站在街上，你即使想停下來看看風景，也會被人流簇擁著往前走，讓人最直觀地感受到什麼叫身不由己。咱們出來旅遊不就是為了享受一下自由的空氣，可是連走路速度都由不得自己，那不是花錢找罪受嗎？

還有就是滿街林立的商鋪，賣玉石的、賣銀器的、賣披肩的，整個就是一個改良版的鳳凰城，身穿民族服裝的姑娘，臉上掛著商業化的笑容，興沖沖地吆喝著：「胖金妹，快來買犛牛肉啊，正宗的犛牛肉！」你要是過去光問路不買東西，她就會回你一個老大的白眼。

每條街道都充斥著濃濃的商業氣息，這哪裡還是什麼休閒勝地，根本就是一個精緻包裝過的工業品市場，特別是到了晚上，酒吧街那叫一個紅旗招展鑼鼓喧天啊，光是一米陽光就開了五六個分店，合著全中國的人都跑來麗江徹夜狂歡了。如果說這就是麗江的風情所在，那我實在是看不出它和北京的後海有啥區別。

隨著時間的推移，我居然慢慢地喜歡上了麗江。這其中，有部分原因是這座城市還是有其獨特的魅力的，但最大的原因，卻是一位素昧平生的納西族老婆婆。和阿婆的結識，讓我充分認識到了緣分的奇妙。

剛下車時，我們忙著找客棧，在經過一條僻靜的巷子時，突然有人叫住我問道：「你住不住店？」我抬頭一看，原來是一位納西族的老婆婆，帽子下的頭髮已經銀白了，臉上的表情挺嚴肅。

由於阿婆的客棧沒有院子，我不是太滿意，就委婉地表達了自己的意思。

阿婆一聽，二話沒說就帶我們下樓，說替我們去找有特色的客棧。我們到了隔壁的納西人家客棧，那是一個傳統的納西四合院，院裡還有一架秋千，我覺得挺好的。老闆娘還剩兩個房間，小的開價一百，阿婆沉著臉反駁她：「這麼小的房子還收一百，八十就行了。」

胖胖的老闆娘應了聲好，聲音有點兒怯。我看著這個滿頭銀髮的老婆婆，忽然覺得瘦小的她其實還挺氣派的。

第二天還在夢中，我就聽到了敲門聲，阿婆站在窗外叫我們：「快起來，去我那吃早餐。」

我梳洗完到了隔壁，好傢伙，一大桌子人正圍坐在一起吃早餐，我們名不正言不順的，不敢行動。阿婆拿出兩條小板凳，招呼著我們往桌前坐。早餐很豐盛，白粥油條，烏江榨菜，還有一盆雞蛋，不限量，隨便吃。

吃飯的時候大家也沒閒著，就聊了起來。原來這些人都是來麗江旅遊的遊客，有住在阿婆那的，也有沒住那的。有一群北京的遊客剛跟團從香格里拉回來，你一言我一語地控訴著導遊的兇悍，四五十歲的阿姨，在阿婆跟前居然像一個受了委屈的孩子似的，說話間隱隱帶著向母親撒嬌的味道。

阿婆板著一張臉坐在旁邊，像訓小孩一樣訓阿姨們：「我叫你們別去，你們非得去。不聽話，現在知道了吧？」語氣還是硬邦邦的，可誰聽了都知道這老人其實是一個古道熱腸的人。

普普通通的一頓早餐，就著阿姨們的說笑和阿婆的訓斥，我居然吃出了家的味道。

當天，阿婆讓納西家的大叔領我們去拉市海騎馬划船，上午玩得挺盡興的，下午大叔把我們送到了束河，解釋說不知道我們玩多久，所以不過來接我們了。路上我們和大叔閒聊，才知道這個阿婆姓楊，七十多歲了，一輩子都沒結婚，脾氣怪怪的，可人特別好。大叔告訴我們，有次他父親病了，阿婆堅持要陪他們去昆明看病，來回的路費都不讓他給，都是阿婆掏的。

阿婆是電信局的退休工人，領著兩千多塊的退休工資，客棧一年下來至少有十來萬的收入，她孤身一人無處花錢，開客棧也只是為了有個念想，並不純粹是為了賺錢。所以為人處世頗有點兒仗義疏財的意思，很多人接受過她的幫助，光是給一個馬隊就捐了幾噸水泥，在麗江人面很廣。

我們在束河待了一下午才回麗江，剛進客棧，老闆娘就迎上來說：「不到六點阿婆就來叫你們吃飯了，我讓她先吃了。」

晚上我們見了大叔，覺得他臉色不太好。後來我們才知道，那天阿婆見我們久久不回來，又沒有我們的電話，心裡著急，就埋怨大叔為什麼不去束河接我們，說他做事「不地道」。為了兩個陌生人而不惜開罪多年的鄰居，看來這個阿婆的確有點兒怪，好得離譜，也怪得離譜。

我們還是想去香格里拉，阿婆只得幫我們報了一個團，給的是全城最低價。第二天，我們約定六點鐘就出發，天還沒亮，當我們來到阿婆的客棧時，她已經熬好了稀飯，並督促我們吃完，我真不知道她是什麼時候起的床。

當時我就穿了一件短袖，阿婆板著臉訓我：「知道這邊冷也不多帶點兒衣服來。」說完，她轉身就進屋找了件粗線毛衣，非叫我穿上不可。怕我們有高原反應，阿婆又忙找了一個氧氣瓶給我們。

兩天的香格里拉之旅，給了我們一行三人滿腹的委屈。回到客棧中，見了阿婆，三個人忙不迭地訴起苦來，阿婆就像以前訓那些阿姨一樣，板著臉訓我們：「誰叫你們不聽話了，叫你們別去非得去。」

晚上阿婆領著我們吃完飯就催大家回客棧，原來當時正好趕上納西族的火把節，她特意留了三個火把等我們回去點。路過麗江廣場時，我說想和她合張影，阿婆白了我一眼說：「有什麼好照的，你好煩啊！」我快快地低下頭，她卻笑了：「等下回客棧點了火把再照，這個廣場沒啥好照的。」

火光融融下，我們一夥年輕人聚在一起，阿婆攛掇著幾個小夥子不停地跳火把舞，跳了一次，她還不滿足，又說：「我沒看見呢，再跳一次。」也許受到了年輕人活力的感染，那晚阿婆笑得很開心，也不像平常那樣板著臉訓人了。所有人都爭著和她合影，火光掩映著阿婆燦爛的笑臉，看起來完全不像七十多歲的老人。

不幸的是，同行的平平從香格里拉回來就病了，上吐下瀉，從阿婆那拿了點兒藥吃還是沒有好轉，吃不了東西，只想找個粥鋪喝粥。阿婆一聽粥鋪就瞪眼睛：「在外面吃一碗粥就要四元錢，貴死了。」說完她就去熬粥，平平忙說謝謝，阿婆還是訓他：「你一個年輕人，怎麼這麼脆弱啊，趕緊好起來吧！」

給阿婆料理客棧的大姐說，一條街的人都覺得阿婆是個怪人，背地裡沒少議論她。大姐也弄不明白，阿婆不愁吃不愁穿的，整天為這些陌生人忙來忙去是為了什麼。

其實我也不是很明白，阿婆到底是為了什麼。她的客棧才六間客房，可高峰期居然有二三十個人來吃早餐，家裡的水果零食任取，這些浮萍似的遊客一旦離開麗江，又有多少人能記得她的恩情呢？所有人都有求於阿婆，大至住宿出行，小至購物逛街，在街上碰到兩個女孩子，買條裙子都要拉著她去還價。但阿婆呢，她從我們這些陌生人的身上又能獲取什麼呢？

那天晚上，我看見阿婆帶著一群高中生去逛街買特產，有一個小老闆來找她辦事，她指指身後笑語喧嘩的女孩子們說：「我可不比你們那麼有時間，每天都有這麼一大幫人要我管，哪有時間弄這些事啊！」她的言語間透露著一種充實的滿足感。

那一瞬間我突然明白了什麼。陌生人和陌生人之間能夠交換的，無非彼此的善意和溫情，而日復一日的忙碌，也讓孤獨的阿婆享受到了難得的親情。阿婆拿我們這些過路客當女兒、當孫女，多多少少總會有一些遊客也會當她是媽媽、是奶奶。我看見她的桌子上擺著一本影集，全是她和別人的合影。聽人說，阿婆的信件也是最多的，總是有人從全國各地給她寫信、寄東西。有一次她收到一個包裹，寄來的是絲被，阿婆心疼地說：「非得用一個盒子裝了寄，這得多花多少錢啊！」但是我想她心裡肯定覺得挺溫暖的。

看來不單我們需要阿婆，阿婆又何嘗不需要我們呢？就像一部外國電影裡所說的，我總是依靠陌生人的善意才能夠活下去。

四天的時間很短，我們就要離開麗江了。結帳時，阿婆堅持說那頓米線是她請我吃的，不收錢。要知道這可不是六元錢一碗的米線，要價二十五元啊！而平常的那些礦泉水、藥物、酸奶之類的，她更是堅持不收錢，誰也強不過她的固執。

幫我們訂好車票後，阿婆非要送我們去坐車，雖然打的只要七元錢，但是她的原則是不該浪費的錢絕不多花。見我走得慢，阿婆一把搶過我的行李背在了身上。她以前是送電報的，即使上了年紀仍然健步如飛。跟在她的身後，我要小步跑才能追得上。

公交車開過來了，阿婆擔心我們沒有零錢，忙掏了兩元錢給我們。來不及好好告別，我們就匆匆地上了車。汽車開得很快，一下就看不到阿婆那瘦小的身影了，我這才發覺，對這個陌生的老婆婆，我竟產生了和奶奶分開時才有的那種離愁。

回來後，我回想得最多的，就是這個阿婆。在一個陌生的地方，卻能找到回家的感覺，把陌生的邂逅變成親人的相依，阿婆啊，你雖然普通，卻是我此次旅程中遇到的最大的奇蹟。一座城市是否美好，在於那裡是否有我們牽掛的人，有了阿婆，麗江於我，不再是一個商業名城，而是一個散發著濃濃親情的家園。

順便打一下廣告，阿婆的客棧是不掛牌的，在河畔旅舍旁邊，裡面有塊牌子寫著「有間客棧」。這個別緻的名字，必然也是哪個陌生遊客給予阿婆的回報吧！麗江有淡季和旺季，阿婆的客棧卻四季紅火，靠的是口口相傳的口碑，有想去麗江的朋友，可以問我要阿婆的聯繫方式，順便捎去一個陌生遊客對她的思念。

20 滿地都是六便士，他卻抬頭看見了月亮

昨天早上和兩個朋友去金鐘水庫散步，清晨空氣清新，晨練的人也少，我們三個人肩並肩走在曠野之中，悠然地聊著天。

也許是大腦這會兒還沒來得及被工作、掙錢這類無聊的事佔據，我們居然聊起了夢想。我們仨，最大的明年40歲了，最小的也已近31歲了，平常掛在嘴邊的，無非是孩子、房子、票子，只有在最親近的朋友面前，才能小心翼翼地談起心裡殘餘的一點兒舊夢。

楊說，她在老家恩施的鄉下買了兩棟房子，坐落在山水之間，空氣好，等過幾年，就回去裝修一下開一個茶館，邊招待客人邊寫點兒東西。「那房子真是一個寫作的好地方啊，以後你們每年來住上一兩個月，清靜，沒人打擾。」楊的夢想是，40歲以後，寫出一本令自己滿意的小說。

我開玩笑說：「等你開茶館賺了錢，就包養我寫作吧，給我搞個基金，保證我餓不死就行。」我做夢都想過上這樣的生活，住在山上，和三五好友相對，每天伏案寫作，寫累了就靠在椅子上，聽聽風過松林的聲音，光是想想都覺得很美好。

燕子比較務實，沒有那麼多不切實際的想法。她一直想換一個更有發展空間的工作，對年輕人一窩蜂都往體制內奔表示很難理解。「年紀輕輕的就奔個安穩，日子多無聊啊，怎麼著我也是一個有夢想的人。」她說。

說到夢想，三個人都笑了，有點兒羞赧，也有點兒驕傲。畢竟，夢想這事就像內褲，你可以有，但不能碰到人就說你有。可笑的是，現在的人個個都拿自己當超人，愛玩內褲外穿，大街上隨便逮住一個人，都念叨著他是一個有夢想的人。

在「中國夢」的概念剛提出來時，領導安排我去採訪各行各業的追夢人。這對我個人而言是一次不怎麼愉快的採訪經歷，因為沒有想到，大多數人描述的夢想要麼過於實際，要麼流於輕飄。比如說，一個快要畢業的大四女生說，她的夢想是考上公務員，為了實現這個目標，她一年內輾轉四地參加了六次考試，屢戰屢敗可還是準備鏖戰到底。

絕大部分上班族的夢想則是，來一次說走就走的旅行，或者開一家適合發呆的咖啡館。每當聽到這樣的描述，我的第一反應就是，你這是追求夢想嗎？你這純粹就是為了好玩吧?!特別是咖啡館，為什麼年輕人一股腦地都想跑到古鎮上去開咖啡館呢？為什麼就不能開一間麵館、酒館、餃子館什麼的？難道就是因為咖啡館聽起來高端洋氣上檔次嗎？

夢想啊夢想，多少人假你之名，行逃避之實。

比這更惡劣的是，隨著電視選秀節目的風行，夢想簡直成了一個被用爛了的詞語。用夢想冠名的節目一隻手都數不過來，每個站在舞臺上的人都說他是為了夢想而來。每當看到一個個選秀老油子熱淚盈眶地說「我站在這裡，是為了追求我的夢想」時，我都忍不住在心裡喟然嘆息，好好的姑娘小夥子，幹嘛非要在選秀這一棵樹上吊死呢，你哪怕回家開個淘寶店都比這腳踏實地啊！不排除這些人中有真正熱愛藝術的人，可是在多數人的額頭上，我只看到了「急功近利」四個字。

那些口口聲聲地說自己心懷夢想的人，你們可曾想過，如果你所追求的夢想通往的並不是一條金光閃閃的大道，也不是一個舒適愜意的避風港，而是一個充滿了荊棘和坎坷的地方，那麼你還會一往無前地追夢嗎？

我也常常這樣問自己，答案時而確定時而猶疑。可是有一個人毫不猶豫地說了「YES」，他的名字叫查理斯，是毛姆在《月亮和六便士》中塑造的人物。40歲以前，他和大多數人一樣，過著庸碌無奇的生活。他在銀行任職，拿著不高不低的薪水，養活著一家子人；40歲以後，他拋家棄子一個人跑到巴黎，住在破落的小旅館裡，身上只有100元，目的只是為了追求他的夢想——他要畫畫！

如果這樣的故事發生在中國選秀的舞臺上或者暢銷書作者的勵志小說裡，查理斯可能在經歷了窮困潦倒的日子後，終於一炮而紅，然後要名有名要利有利，上演了勵志版的真人夢想秀。可是毛姆對待他筆下的人物就像命運一樣殘酷，查理斯沒有紅起來，而是流落到南太平洋的一個小島上，和一個土著女子同居，在染上麻風病後雙目失明，死前讓土著女子將他的畫作付之一炬。

這就是查理斯為夢想付出的代價。也許在大多數人的眼中，這樣的代價未免太大了，可是我覺得查理斯不會後悔，在塔希提島的叢林深處他獲得了內心的寧靜，他終於成為他想做的那種人，而不是一般人不得不做的那種人。

我到現在還記得初讀《月亮和六便士》後帶給我的震撼，讀了查理斯的故事，夢想頓時從一個輕飄飄的詞語變成了一個令人敬畏的存在。我這才知道，原來追求夢想從來不是一件容易的事兒，對於真正被夢想擊中的人來講，夢想就是孔子所說的「造次必於是、顛沛必於是」的那個「是」，就是你即使碰得頭破血流也捨不得丟棄的東西。所以，下次當你描述自己的夢想時，是否可以先花三秒鐘的時間考慮一下，你是不是像查理斯說的那樣，「我必須畫畫，就像溺水的人必須掙扎」。

這麼說好像太悲壯了，或者也可以說，夢想就是即使他人嗤之以鼻，你卻自得其樂的東西。很多人覺得寫東西很苦，可是王小波這樣描述他的文學之路，「這條路是這樣的，它在兩條竹籬笆之中，籬笆上開滿了紫色的牽牛花，在每個花蕊上，都落著一隻藍蜻蜓」。瞧瞧，多美啊，我相信雙目失明後的查理斯頭腦中也出現了一個同樣美麗的幻境，所以他才會在小土屋中畫出令人目眩神迷的伊甸園圖景。當人們都在忙於俯腰撿起唾手可得的六便士時，他卻在抬頭眺望明月。即使失明之後，那輪明月也始終照耀在他的心上。

查理斯的原型是畫家高更，這個故事似乎特別讓毛姆著迷，所以他不斷地在作品中塑造這一類人物。在他的一篇短篇小說中，他將這類「被夢想擊中」的人形容為「吞食魔果的人」，可能是他對南太平洋情有獨鍾，所以總是讓這類人自我流放到某個海洋中的小島上，然後對著椰林斜陽度過餘生。

一般人可能沒有查理斯這樣敢於拋棄一切的勇氣，還是只能夠停留在固有的生活之中。但是真正有夢想的人，他們從來都不會因為遇到困難就輕易放棄，他們會腳踏實地、一步一步地朝著目標出發，哪怕夢想就像月亮一樣遙不可及，哪怕道路的盡頭只是虛無。他們沒有辦法選擇，因為他們也或多或少地吞食了魔果。

21 讓我靠近你，以哥們兒的名義

（1）

老莫出嫁了。

她差不多是我們班最後一個出嫁的女同學。

我在微信朋友圈裡看見她上傳的婚紗照，照片裡的她留著波浪長髮，化著精緻的新娘妝，依偎在新郎懷裡，笑容竟然有了幾分嫵媚。

同學們紛紛在照片下面留言，一堆留言中，我注意到大飛給她的留言是：「嗨，哥們兒，好久不見，妳越來越像個女人了。」

老莫在下面回應說：「我本來就是個女人。」

她本來就是一個女人，只是大飛忽視了，我們大家都忽視了。

（2）

老莫是我讀師範時的同學。她原本有一個很有女人味的名字，可是男生女生都叫她老莫。其實現在想起來，她那時只是一個十五六歲的女孩子，可大家覺得她理所當然應該被叫作老莫，只有這個名字才和她相宜。

那時我們宿舍管理很嚴，是不允許男生進入女生宿舍的。開學第一天，宿管阿姨看見一個「小男孩」提著大包小包往宿舍裡衝，於是毫不客氣地上前攔住了她：「這位同學，請你往那邊走，這是女生宿舍。」

一頭短髮、精瘦精瘦的「小男孩」說：「可我是女生啊！」

宿管阿姨還是不肯放行，因為她聽到的聲音都是粗粗的，沒有半點兒女孩子應有的嬌柔清脆。

「小男孩」有點兒委屈了：「我真是女生啊！」

後面一起來報到的同學替她做證，她才終於進了女生宿舍的門。

這個「小男孩」就是老莫。

剛進學校時，她身高不到一米五，看上去完全就是小男孩的模樣，而且是還沒有發育的小男孩。上體育課的時候，女生們時不時請假，她弄不明白為什麼我們每個月總有那麼一兩節體育課要請假，因為她完全沒有請假的需要。

她的性格也像小男孩一樣，大大咧咧、爽朗俐落，說起話來像銅豌豆一樣擲地有聲，為人特別熱心，樂意幫女生打開水，幫男生帶早餐。

老莫在班上人緣很好，男生緣尤其好。她完全沒有性別意識，男生們拿她當哥們兒，她也不拿自己當女生。

師範是那種男女生比例特別不平衡的學校，一個班上四五十個女生，才十來個男生。男生們因此都傲嬌得不行，偶爾有一個出挑的更是眾星捧月，享受的是全班女生的寵愛。

當時班上有一個叫大飛的男生，屬於那種陽光男孩，長相陽光，性格也很陽光，歌唱得好、球打得好，偶爾還能在校報上發表一兩篇文章。女生們大多對他有好感，跟他說句話都會臉紅心跳。

老莫完全沒有這種顧忌。她和大飛也是很好的哥們兒，純哥們兒，鐵哥們兒。兩個人都是文體積極分子，常常在排球場上廝殺得難分難解，老莫個頭小，力氣可不小，各項運動都很棒，尤其是排球。

學校開運動會的時候，老莫一口氣報了四五個參賽項目，長跑、短跑、跳高、跳遠都有。她跑八百米的時候，班上男生集體去助陣，大飛最賣力，一邊陪她跑一邊為她加油。跑到最後一圈時，原本排在第四的老莫小宇宙突然爆發，一口氣衝到了第一。到了終點，全班男生把她抬起來扔到半空中，又接住，女生們在旁邊尖叫鼓掌。

要是換了其他女生享受這種待遇，大家難免會羨慕嫉妒恨，可是沒有人會妒忌老莫。

（3）

女生們似乎都愛搞小團體，當時班上風頭最盛的女生團體是306宿舍的四朵金花。其實說成三朵金花和一片綠葉更合適，老莫就是那片綠葉。長得像小男孩的她和其他三個漂亮開朗的女孩子不知怎麼就成了死黨。

這對班上的男生來說是一個重大的利好消息。因為他們等於在三朵金花中埋下了一個內線，有了老莫，他們可以打聽到她的三個好朋友的嗜好、習慣和各類可以為外人道的隱私。他們還可以托她向三個好朋友遞紙條、傳口信，偶爾拌個嘴鬧個冷戰中間也有人調停。

老莫就在男生和三個好朋友間奔波調和，看上去很享受這項工作。作為大飛的鐵哥們兒，她常常口無遮攔地問他，你看中了哪朵花啊，要不要我幫你去採？或者調侃他說，你怎麼這麼不開竅啊，大好時光就不趁機搞搞早戀之類的嗎？

師範二年級（相當於高中二年級）時，大飛總算開竅了，托老莫向婷婷遞情書。婷婷是三朵金花中最漂亮、最活潑的那個。

老莫把情書交給婷婷之前，偷偷打開了那封被折成心形的信。信上的字句滾燙得讓她生平頭一次臉紅心跳。信中，大飛親昵地稱意中人為「婷」，老莫想，哪一天，會不會有人給她寫情書，也親昵地稱她為「娟」呢，她的名字中有個「娟」字。

婷婷看了那封信後，當天又托老莫帶了一封回信給大飛。

老莫按捺不住好奇心，再次偷看了。信寫得很簡單，只有一句話：「大飛同學，我們還太年輕，我更樂意做你的妹妹。」

老莫重新把信折好，輕輕地呼出一口氣，然後交給了大飛。

那天晚上，她陪著情緒低落的大飛在教室裡坐了一晚，聽了一夜《很受傷》。那年正是任賢齊大火的時候。

（4）

老莫是在師範三年級時才開始發育的。

她的身高從不足一米五迅速躥到了一米六多，她仍然留著俐落的短髮，長手長腳地站在那裡，光看背影有點兒像玉樹臨風的少年。

每年的畢業會演學校都很重視，我們班準備的節目是舞蹈，曲目用的是任賢齊的《哭個痛快》。

本來定的是六個男生上臺表演，大飛是領舞。排練的時候，在一旁觀摩的老莫跟著做了幾個動作，瀟灑漂亮至極，引得男生們集體叫好，非讓她參與表演不可。

他們不知道的是，老莫為了做好那幾個動作，大週末也在宿舍裡一遍遍地練。小小的隨身聽擱在窗臺上，任賢齊在裡頭哀怨地唱：

「愛與不愛，是最痛苦的徘徊；

「表面不愛，但心裡仍期待。

「Hello我想你，想到你就無奈，就算是失敗也不要再傷害……」現在想來，小小年紀，懂得什麼是無奈、什麼是痛苦呢？當然，跳這個舞的時候，大家臉上還是要做出一副沉痛的樣子來。

登臺表演那天，老莫一身黑色的皮衣皮褲，短髮做了個定型，長身玉立地站在一群男生中，每個動作都那樣俐落，每次轉身都那樣瀟灑，明星一樣光彩照人。我們班的同學站在台下，把巴掌都拍紅了。

舞蹈沒有拿到獎，拿獎的基本都是陽光健康、積極向上的節目。即使這樣，大家依然很開心，還去花店訂了花送給表演者。

男生們簇擁著老莫去拍照留念，大飛拿著我們買的那束玫瑰花，裝作很深情的樣子遞給她。老莫伸手去接的那一瞬間，拿著傻瓜相機的同學恰好按動了快門。

照片沖洗出來的時候，我們發現，抱著玫瑰花的老莫笑得特別燦爛，臉還有點兒紅。

（5）

畢業後，我們各奔東西。

大多數同學回了老家教書，老莫也是。大飛不甘心做孩子王，跑去長沙學電腦程式設計了。

他們還保持著不鹹不淡的聯繫，多數是老莫給大飛寫信，大飛懶得寫，偶爾想起來了，會給她打個電話，追憶往事，展望將來，一說就是一兩個小時。

老莫那些年漸漸有了些變化，她試著將頭髮留長，也試著穿高跟鞋，裙子買了幾條，放在衣櫃裡，沒敢穿。她跟我說，等頭髮留長了，就找個時間去長沙玩玩，大飛在電話裡說了，只要她去長沙，他就陪她去火宮殿吃臭豆腐，去嶽麓山摘楓葉，去湘江邊放風箏。

老莫從小在農村長大，還從來沒去過長沙呢！

就在她的頭髮快到披肩長度時，她接到了大飛的電話，電話裡，他興沖沖地告訴她，他要結婚了。

新娘也是我們同學，當年的三大金花之一，婷婷的閨密。

這些年來，大飛先後追求過老莫身邊的兩個好朋友，一個失敗了，一個成功了，他的目光，從來沒在老莫身上停留過。

知道這個消息後，老莫拉著我去K歌。我們兩個人要了一間包房，老莫拿著話筒，一首首地唱莫文蔚的歌，她唱《盛夏的果實》等於原聲再現。除了聲音，她的外形也有幾分莫文蔚的神韻，都是長手長腳，長相挺有特色，不過，她沒莫文蔚漂亮。

唱完歌，老莫放下話筒，對我說：「其實，有件事我想告訴妳。」

我說：「我知道。」

老莫啊老莫，我們大家都知道，妳喜歡大飛，妳陪著失意的他在教室裡聽歌，妳為了他在宿舍裡一遍遍練舞，我們都看在眼裡，只是不忍心說穿。妳那麼小心翼翼地維護著妳的秘密和尊嚴，我們也是。

（6）

大飛結婚那天，我們全班同學基本都去了，因為他倆幾乎是我們班上情侶中碩果僅存的一對了。

去之前，老莫猶豫了很久，終於決定穿上那條在衣櫃裡放了很久的雪紡裙子。裙子很修身，她穿上後顯得身材格外高挑。那天，她還淡淡地化了點兒妝，披肩髮拉得直直的，垂在肩膀上。

這是她生平第一次留長髮、穿裙子，不知道大飛他們見了，是會取笑她，還是會誇她漂亮呢？老莫既擔心又憧憬。

她擔心和憧憬的情景都沒有出現。那天，她遲到了一會兒，正在迎賓的大飛見到她，大步流星地走過來，用力拍了拍她的肩膀說：「嗨，哥們兒，你怎麼才來啊，趕緊找個地方坐吧！」

從婚禮上回去後，老莫把高跟鞋和裙子都收了起來，換上了平常最愛穿的牛仔褲和運動鞋。在她後來的男朋友眼裡，她穿牛仔褲和平底鞋同樣很有女人味。

這麼多年的暗戀無疾而終，我曾經問過她會不會後悔。

老莫搖搖頭說怎麼會，要不是大飛，她可能還一直是一個混沌未開的假小子。你暗戀一個人的時候，總是試圖一點點地接近他，結果也許永遠都無法靠攏，可是在這個過程中，你會發現，你的努力也讓自己一天天變得更美好了。

所有曾經是假小子的女生，你們有沒有試圖靠近過一個人，以哥們兒的名義？

原則你擁有一張不好欺負的臉

22 那些被侮辱與被損害的「樊勝美」

最近的新聞總給我一種生活的地方並非人間之感。

先是羅爾又出來接受採訪，坦誠地對記者解釋不能賣房的原因，理由是三套房中，一套要給和前妻生的兒子，一套要給現任妻子，另一套自己留著養老用。

這個人編出什麼理由都不足以讓我感到吃驚了，但讓我驚訝的是他那種理直氣壯的態度。他一直覺得，把重病在床的女兒排在這一切之後是理所當然的。他覺得這樣說大眾肯定會諒解。

在之前公眾號的文章中，他口口聲聲說自己如何愛女兒，現在大家才明白，原來他所謂的愛是如此有限，原來女兒病得再重，他還是不會動留給兒子的房子。

這份赤裸裸的自私換來了近乎一邊倒的指責，但居然還有人認同羅爾的價值觀，評論說女兒嘛，本來就沒有財產繼承權，救女兒也要講限度，總不能落個人財兩空吧！

難怪五嶽散人忍不住痛罵：地大物博，畜生眾多。

羅爾的女兒還在與病魔做頑強的鬥爭，而另一個小女嬰已經失去了活下去的機會。

她出生只有四天，就被血緣上的奶奶活活給掐死了，只因為她已經有一個姐姐了。我真的不願意用「奶奶」這個詞來指代這個女人，我覺得再可怕的惡魔也比她要仁慈幾分。

新聞報導說她對這個小女嬰的頭部不斷踩踏，見仍然不死，又掐住了那幼嫩的脖子。只因為生而為女子，所以就要遭受這般蹂躪嗎？

這個惡魔被抓起來後，兒子、兒媳連同鄰居一同為她求情，然後法官只判她坐十年牢。

What？

說好的王法呢？說好的殺人償命呢？

顯然，在很多人眼裡，小女嬰的命不是命，那個女人殺死她，就像掐死一隻小貓小狗，無須負任何責任。想必那位惡魔奶奶還覺得冤枉呢，她掐死的是兒子的女兒，也就是所有物的所有物，憑什麼她要坐牢？

看到這條新聞後，很多人都嚷著要讓這個殺人惡魔去死。我倒覺得，那女嬰的父母更該死，他們居然還能若無其事地去求情，怎麼配為人父母！

喊了這麼多年的男女平等，這兩則新聞一報導出來，大家才發現，原來重男輕女的意識遠比大家想像的嚴重！

上面兩件事也許極端一些，但這只不過是千千萬萬中國式女兒們的困境的放大版。有一種女兒，她們家裡有兄弟（或父母一心想要生個男孩），或多或少地受到了重男輕女的危害。我暫且在本書中把她們稱為中國式女兒。

《歡樂頌》中的樊勝美就是中國式女兒的典型代表，她掙的工資有一半要給哥哥用，賺來的錢都用來填家裡的窟窿了，好不容易買了一套房子，爸媽逼著她非得寫哥哥的名字，理由是她遲早會嫁給別人，如果寫她的名字那房子就成別人家的了。

我身邊就有一個樊勝美式的朋友，她爸媽為了生兒子，一口氣生了五個姑娘，後面終於生了一個男娃。在父母的眼中，女兒們存在的意義就是為了幫襯兒子。可笑的是，這對父母覺得自己一點兒都不重男輕女，因為他們從小就對兒子嚴厲，對女兒嬌慣，女兒都接受了不錯的教育，兒子讀完高中就不讀了（成績太差讀不下去了）。

只有在牽涉金錢時，他們才會暴露只為兒子著想的面目。女兒們外出打工的每分錢都拿了回來，留著給兒子買房子，女兒在結婚前都是一貧如洗的狀態。

毫不誇張地說，金錢有時的確是檢驗一個人是否愛你的真正標準，連父母也不例外。多少父母口口聲聲說著愛女兒，其實他們為女兒花的每分錢都是算清楚了的，對兒子才是完完全全地不求回報。

用我朋友的話來說：「給女兒花的錢是一種投資，他們以後都要想辦法收回來；給兒子花多少錢，他們卻從來不會計較。」

於是在一個兒女雙全的家庭中，通常會出現各種資源向兒子嚴重傾斜的現象，好的教育、好的機會都被兒子占了。在以前，女兒輟學打工供兒子是一種很平常的事，女兒活該被犧牲。現在的情況是，女兒嘛，父母供你讀書就不錯了，至於財產什麼的，你想都不用想，絕對是要留給兒子的。

但奇怪的是，到了晚年，父母需要贍養時，往往是女兒更盡心。擱以前，至少傳統都默認兒子應該負起贍養父母的責任。生活在現代的中國式女兒最悲催的一點就是，她們享受的權利遠遠不如兄弟們多，但她們承擔的義務卻往往比兄弟們多。

在有些家庭中，重男輕女表現得不那麼明顯，我們家就是。

小時候，我一直以父母不重男輕女為榮。在我和弟弟之間，父母，尤其是我爸似乎還偏疼我一點兒。一直到近幾年，我開始深入思考有關男女平等的問題，才發現並不是表面上看起來的那樣。

判斷一個家庭是否重男輕女其實很簡單，就看父母是不是覺得兒女有別，對兒子和女兒是否區別對待。

現在我父母肯定也絕不承認他們是重男輕女的，但他們不知不覺就會區別對待我們姐弟。女兒結了婚，隱隱然就是一個外人了，女兒的家事，那是別人家的事，幫忙是情分，不幫是本分。

和房產傳男不傳女的羅爾一樣，他們理直氣壯地覺得，這是約定俗成的傳統，千百年來都是這樣的，所以他們這樣做一點兒錯都沒有。

但約定俗成的就一定是對的嗎？

我無意去改變父母的觀念，因為無力改變。重男輕女就如同很多約定俗成的其他習慣一樣，被當成傳統傳了下來，完全成了集體的無意識。上一輩人能做到像我父母這樣的，已經很不錯了。

不僅僅是父母，很多女兒本身也被洗腦了，覺得這就是天經地義的。一個沒有被平等對待過的人，也許不會主動去追求平等。太多做女兒的已經習慣了被輕視和被損害，然後又把兒女有別的意識一代代地傳下去。

知乎上有個問題：「哪個瞬間你忽然覺得父母沒那麼愛你？」我記得當時看到這個問題，眼淚唰的一下子掉了下來。那麼多年裡，我一直生活在父母最愛我的假像中，也是後來發生的一件件事，才讓我發現，如果說父母愛我是九十九分的話，那麼他們愛我弟弟就是一百分。那一瞬間我幾乎是崩潰的，對一個孩子來說，沒什麼比父母不是百分百地愛他更令他傷心了。

認清這個事實後，我很難受，現在敲這些字時還在流淚。我那麼努力，那麼拼命，很大的一個原因就是想證明兒子能做到的，我也能做到，可後來我知道沒用，因為我再怎麼努力，也無法改變自己的性別。我曾經試圖向他們索取過，但現在已經不再強求了，因為我知道，愛是無法強求的，哪怕是來自父母的愛。

這就是中國式女兒的集體處境，父母不是不愛我們，他們只是更愛我們的兄弟。當父母說「我從不重男輕女」時，他們也許並不是在騙女兒，他們只是連自己都騙過去了。

那些嘴裡說著並不重男輕女的父母，我很想代天下的女兒們問你們幾個問題：

你們在給兒子買房時，有考慮過給女兒買嗎？

你們對待女兒的孩子，會像對待兒子的孩子那樣無私嗎？

當你們的女兒生病時，你們會付出一切給她治病嗎？

愛這種東西，光說是沒有用的。如果女兒不能享受到和兒子一樣的教育權、繼承權、財產權，那麼你們愛女兒就沒有像愛兒子一樣多。不要拿風俗如此來當藉口，承認自己沒那麼愛女兒，比一味地否認可能讓女兒更好受一些。

最可怕的是，不出事還好，一到生死關頭，很多女兒就成了被捨棄和被犧牲的一方。

患白血病的女演員徐婷就是這樣，病得那麼重，父母還只想著要保住她給弟弟買的房子，捨不得花錢給她治病。

我還記得電影《唐山大地震》裡，兩個孩子同時被埋在廢墟裡，母親掙扎再三，最終決定救弟弟。

母親的這種行為沒什麼好指責的，但作為那個被放棄的姐姐，可以想像她的心中有多麼絕望。所以我能夠理解她對母親的恨。

同為女兒，我看電影的時候會忍不住代入自己去想：如果碰到這種情況，我是不是也會被父母放棄呢？

電影裡，女兒還是選擇原諒了母親，就像天底下所有沒有得到平等對待的女兒最終都會諒解父母一樣，因為她們捨不得捨棄那份愛，哪怕那是一份沒有百分百的愛。

很多時候，她們不說破，不代表她們不清楚；她們不計較，不代表她們不介意。她們只是捨不得，放不下，割不掉。她們爭取權利，並不是貪圖財產（比如說我家，就完全無財產可貪），而是想獲得同等的愛。說到底，她們只不過是想父母多愛她們一點兒。

我曾經很羨慕獨生女，中國的計劃生育政策有許多不足，唯一值得肯定的是，它的確間接地推進了男女平等，獨生女受惠於這種政策，從出生就嚐到了平等的甜頭。現在可以生二胎了，我隱隱有點兒擔心女孩們的命運，希望是我過慮了。

我說過，我已經不奢望能夠改變父母的觀念了。但我真誠地希望，我們這一代能夠中斷這該死的迴圈，能夠切實地讓女兒享受到和兒子同等的權利和愛。什麼約定俗成？讓它見鬼去吧！

寫這篇文章，我用了很大的勇氣，我不想讓父母難過，但是考慮再三，我還是寫出來了。我覺得他們應該瞭解我的真實想法。

這就是我，一個不想失去父母的愛的、懦弱的中國式女兒，鼓起勇氣發表一點點微不足道的心聲，希望能夠被更多相同處境的人聽到，讓我們一起堅定地對重男輕女說「不」！

23 別為不喜歡你的人傷神，這對喜歡你的人不公平

一個姐姐發了一條微博說，「我只喜歡喜歡我的人」。我很想穿過縹緲的網絡去和她握個手，因為她所說的正是我喜歡的人生態度，或者說，是我推崇的人生態度。某種程度上，雖不能至，但心嚮往之。

也許你會說，「我只喜歡喜歡我的人」，這還不簡單嗎，怎麼可能做不到？別小看這九個字，多少自詡為通透豁達的情商高手，也未必能做到這一點。我只喜歡喜歡我的人，代表著一種取捨，一種選擇，乾脆俐落，毫不糾結。我相信能這樣做的人必然是快樂的，至少，她會少很多煩惱。

這句話有些繞，我們不妨用「在乎」來代替第一個「喜歡」，改成「我只在乎喜歡我的人」。這聽起來好像沒有絲毫難度，誰都知道，人和人之間的感情是相互的，我們理應更加在乎那些喜歡我們的人。但這話說起來容易做起來難，通常情況下，那些不喜歡我們的人反而常常贏取了我們更多的注意力。

我們容易犯的錯誤之一就是對批評的反應遠甚於表揚。記得有一個我喜歡的作家說過一段話，大意是，他出了一本書，在豆瓣上看到一百條好評的欣喜，也抵消不了看到一條差評的沮喪。

不知道你們是不是這樣，反正我是這樣。我跟朋友開玩笑說，最近我已經達到了范仲淹所說的「不以物喜」的境界了，可還是遠遠做不到「不以己悲」。打個比方，再多的溢美之詞也無法讓我飄飄然，頂多是竊喜一小會兒，可只要有一句尖刻的批評，我的心情立刻會跌落谷底。

按理說一句表揚應該抵得過一句批評啊，但事實卻遠非如此。大多數人對讚美習以為常，卻對批評暴跳如雷。有一個精通心理學的網友分析說，這是由於大多數人對自己的評價遠遠高於他人，所以在被讚美時覺得理所當然，但偶爾聽到一句惡評就會怒從心頭起。要想快速贏得一個人的注意，訣竅不是讚美而是批判。

這樣想起來，我小學時代的某些男生可以說是深深懂得人性的弱點了，他們喜歡一個女生，不會去誇獎她、讚美她，而是揪她的辮子、嘲笑她的口音，甚至往她的書包裡裝小動物，目的無非就是讓該女生多看他一眼，哪怕多罵他一句也是好的。

網上那麼多人喜歡做槓精，動不動就跑到素不相識的人微博下去抬槓，說穿了他們和那些青春期的小男生一樣，無非是為了博取注意罷了。這看似幼稚的招數卻屢試不爽，遇到槓精的人往往完全喪失了理智，不惜花上一天甚至一個月的時間來和他們打嘴仗。沒有人喜歡槓精，可偏偏他們卻浪費了你大量的時間和心力，究其原因，還是因為我們過於在乎他人的批評了。

我們容易犯的錯誤之二，是誇大了不喜歡的人在生命中所占的分量。舉例說明：你是否會因為宿舍裡有一個和你過不去的同學，就覺得在宿舍裡再也待不下去，一心只想搬出去住？

你是否會因為公司裡有一個看你不順眼的同事，就覺得整個公司都烏煙瘴氣，整個團隊都毫無人情味？

你是否因為在成長的過程中遇到過一兩個暴虐成性的無良老師，就因此深深地討厭學校，甚至發展到厭學的地步？

更有甚者，他們將人生旅途中偶爾遇到的白眼和冷遇，誇大成「人人都厭憎自己，人人都對自己不好」的程度，那些反社會的殺人狂，大多抱有這種偏見。

大多數人當然不至於墮落成殺人狂，但放大敵意、無視善意的情況在我們的生活中卻屢見不鮮。那些在某個圈子裡人際關係極其惡劣的人，一開始其實只不過是和一兩個人相處不好，久而久之卻會發展到視整個團隊為仇敵。

有些人會將原因歸結為「沒有一個人喜歡自己」，果真如此嗎？我相信即使是罪大惡極的人，也會有珍惜他的人，也曾遇到過一些善意和溫暖。

我們容易犯的第三個錯誤是想改變那些不喜歡我們的人對自己的看法。

很多人之所以苦苦奮鬥，初始動力並不是為了自己所愛的人，而是為了讓那些討厭自己的人刮目相看。對廣大底層人民來說，「逆襲」已經成了一種情結。為什麼要逆襲？網上有一句流行的話說得很好，無非為了「今天你對我愛理不理，明天我讓你高攀不起」。看看吧，即使有一天讓人高攀不起了，人們耿耿於懷的仍是那些當初對自己愛理不理的人。他們的生活狀態，在很大程度上居然是由這些他們憎恨得牙癢癢的人主宰的，他們實在是很在乎這些不喜歡自己的人。

他們如果聽到我說這話，可能會跳起腳來，極力反駁：「說的什麼鬼話，我才不在乎他們，我只是討厭他們、憎惡他們！」人們總將在乎等同於喜歡和認同，事實上討厭和憎惡也是在乎的另一種表現。很多人一邊說著不在乎那些不喜歡自己的人，一邊卻竭盡全力地想證明給他們看，自己並不像他們想像的那麼差勁。這哪裡是不在乎，恰恰是太過在乎了。正如愛的反面不是恨一樣，在乎的反面也不是憎惡，而是完全不當回事。

與有沒有人喜歡自己相比，我們往往更在意的是有沒有人討厭自己。追求認可本來沒有錯，但如果一味地追求討厭自己的人的認可，那就等於和自己過不去，屬於過度追求認可了。

過度追求認可的人註定會為人際關係煩惱，因為世界上總有人討厭你、不認同你。人是活在關係中的，除非我們打算像小龍女那樣幽居深谷，不然總是難以避免地和討厭的人打交道。很多時候我們會陷入一個怪圈，那就是別人越討厭你，你就越會在意他對你的看法。

如何從這種怪圈裡走出來呢？有一本在心理學界一直很受歡迎的書叫《被討厭的勇氣》，闡述的是和佛洛伊德、榮格並稱為「心理學三巨頭」的阿德勒的人生哲學。阿德勒心理學對尋求他人的認可持徹底的否定意見，認為個體根本沒必要被別人認可，也不要去尋求認可。他在此基礎上進一步提出，所謂自由，就是擁有被討厭的勇氣。一個人如果缺乏這種勇氣的話，就註定無法獲得自由。

阿德勒心理學最有意思的是關於課題分離的觀點，也就是說，把自己和他人的人生課題完全分開來看。在人際關係中，你對他人怎麼樣，是你的課題，而他人對你的態度怎麼樣，則是他人的課題。每個人都只需要為自己的課題負責，換言之，你盡可以按自己的人生準則去過一生，別人是討厭你還是喜歡你，那是別人的課題，你無須考慮，也控制不了。

意識到這一點後，你會覺得根本就犯不著費盡心思去讓那些討厭你的人對你改觀，你只需要對自己的人生課題負責就行。當一個人不再畏懼被他人討厭時，他的人際關係就從複雜變得簡單，也就擁有了前所未有的自由。

世界上當然沒有存心惹人生厭的人，阿德勒和他的信徒也是如此，書中就提到了：「被討厭的勇氣並不是要去吸引被討厭的負向能量，而是，如果這是我想活出的核心渴望，那麼，即使有被討厭的可能，我都要用自己的雙手雙腳往那裡走去。」

人生本就苦短，清代才女秋芙曾經感歎，人生至長不過百年，其中睡夢占了一半，剩下的憂愁病痛占了一半，這其中繈褓垂老之日又占了一半，所剩下的時光不過十分之一二罷了。可嘆的是，人們卻把如此珍貴的時光，虛擲在不喜歡自己的人身上，這實在太不值得了。

你我皆凡人，可能很難達到阿德勒所提倡的那種八風不動的境界，能夠做到「我只在乎喜歡我的人」就已經很好了。當有人攻擊你、批評你時，你可以憤怒一兩天，卻沒必要一直氣下去，別把時間浪費在不喜歡自己的人和事上。人的精力是有限的，為討厭的人傷神太多，那就勻不出精力來好好對待喜歡你的人了，這對喜歡你的人也不公平。

原則你擁有一張
不好欺負的臉

人要活得自在，關鍵是弄清楚什麼才是生活的重心。我們錯就錯在，把目光聚焦在那些不喜歡自己的人身上，而忽略了那些真正喜歡自己的人。總有一天你會明白，只有那些愛你的人才對你的人生有意義，他們才是你生活的重心。至於那些不喜歡你的人，他們就是你生命中的一個噴嚏，無關緊要，對待他們最好的方式當然是遠離。如果不得不面對，你也可以在心裡嘿嘿一笑，默默念一句咒語：他強任他強，清風拂山岡；他橫由他橫，明月照大江。是不是就會淡定多了？

與君共勉。

24 再愛一個人，也不要讓自己低到塵埃裡

有一天逛論壇，我發現有人開了一個盤口，主題是「如何用一句話來概括低到塵埃裡的愛」，結果應者如雲，回帖多達數千條，這裡只能摘錄一些：

「我怕你嫌我煩。」、「遊戲打完了嗎？」、「你居然不回我，好跩，我更喜歡你了。」、「你先打遊戲吧！我一直線上，隨時有空。」——這一類的回答最多，可見在現代愛情故事裡，比愛上一個不回家的人更慘的是，愛上一個把任何事都看得比你還重要的遊戲宅男，你只能一直線上等候，等著他在遊戲與工作的隙間偶爾想起你來。

「現在能試吃試穿試用，你能不能試試我？」、「你無聊的話，可不可以拿我來打發時間呀？」、「你把我拉黑吧，不然我會忍不住找你說話的。」、「你能接受我了跟我說一聲好嗎？」——這是追求者的心酸，他們千方百計，只為靠近喜歡的人，儘管對方根本就懶得搭理自己。

「就算我們分手了，我還是希望可以做朋友吧！」、「如果你以後還想談戀愛，還來找我好不好？」、「我知道你已經不喜歡我了，但我還是喜歡你呀！」——這些被分手的人，總

是捨不得放手，哪怕心成灰、傷到底也無所謂，只要能留在喜歡的人身邊，哪怕戀情由地上轉為地下也心甘情願。

「如果有一天你不喜歡她了，一定要告訴我呀！」、「就讓我留在你身邊好嗎？我知道你不喜歡我，等你遇到真正喜歡的人我就退出。」、「她對你不好的話記得回來找我，她不要你了你就回來。」——這種滿滿都是備胎的血淚，做備胎的往往堅信一個真理：只要備胎做到底，就會有一天修成正果，卻不知道一枚備胎要修成正果，怕是需要上萬年的道行。前生幾萬次的凝視，才能換得意中人一次不經意的回眸。

由於回帖太多，這裡無法一一摘錄，許多跟帖者在後面說，看了人家說的話，才發現自己也曾愛一個人愛得那麼卑微，甚至卑微到了犯賤的地步。現在有個流行的詞彙叫「舔狗」，用來形容這種低到塵埃裡的愛，真是再形象不過了。

人生漫長，難免會有被愛情沖昏頭腦的時候，有個網友說得好：「不曾做過舔狗的人，不會明白什麼是真愛。」尤其對女性來說，這世上沒有什麼武器比愛情更具有殺傷力。一旦動了情，再強硬的女人也會在頃刻間淪為炮灰。回想起來，我也算是一個心高氣傲的人了，可看到上面那些跟帖時驀然發現，蒼天啊，原來我也說過類似的話，原來驕傲如我，也是做過「舔狗」的人。

別說我們這些人了，就連被小資們奉為祖師奶奶的張愛玲，也曾經有過類似的境遇呢！張愛玲以高冷聞名，網上有一張廣為流傳的照片，她身著一襲綠色旗袍，頭高高昂起，眼神中滿是睥睨眾生的派頭，仿佛俗世男子，沒一個能夠入得了她的法眼。

如此高冷的女子，很難對誰動心，可一旦動了心，卻會將身段放低。那句「低到塵埃裡」的原創作者正是她。胡蘭成和張愛玲的故事，早就為大眾所熟知。這只是一個俗套的故事，一位高傲的女子，喜歡上了一個風流浪子，最後被辜負了。但因為胡蘭成和張愛玲的身份，它變得更加引人注目。

碰到浪子的女人總是自以為與眾不同，天下的女人都愛他，而他獨獨愛我。張愛玲原本也是這麼以為的，直到有一天她恍然間明白，原來她也只是芸芸眾生中的一個，胡蘭成待她，和待小周、范秀美並沒有什麼不同，甚至連使用的招數、說的情話都相似。浪子就是這麼愛偷懶。

這個曾經將她捧為「民國文學女神」的男子，後來一度視她如敝屣。此人生平信奉的是「能發生的關係一定要發生」，和張愛玲在一起後，他很快就有了新歡護士小周。他逃亡溫州時，又去勾搭朋友家的寡婦范秀美。這樣勾三搭四，還指望張愛玲完全不吃醋，來成全他的三美團圓。他許諾她的歲月靜好、現世安穩，早已飄散在流離亂世中了。

胡蘭成將她和小周、范秀美相比，說她不如秀美體貼，不如小周懂事。可憐一代才女，竟淪落到和這類女子相提並論。他只不過是依仗著她愛他！只因為她愛他，他就可以這樣肆無忌憚，當著她的面津津樂道小周們的好處，全然不拿她的痛苦當回事。一個女人，只要傾心愛著一個男人，就會落得如此卑微。

胡蘭成說「愛玲從不嫉妒」，恨不得把她捧上神龕。可事實上，張愛玲在愛情裡和別的小女子沒什麼不同，所謂不嫉妒，只不過是在刻意隱忍等他回頭而已。

胡蘭成見一個愛一個的品性和《天龍八部》中的段正淳不相上下，但是我認為段正淳品格比他高，至少他從不為自己辯護。而且段正淳真正憐惜女人、愛護女人，王夫人那樣傷他，他仍然在她死前溫言撫慰她。而胡蘭成呢，他早練就了金剛不壞之身，心裡只有自己，女人只不過是成就他佳話夢的道具，不管她們是死是活，對於他來說都「亦是好的」。

胡蘭成吃定了張愛玲，在分開了很多年以後，他還寫信去撩撥她。張愛玲自然是避之不及，受過那樣的傷害之後不管是誰都會對始作俑者避之不及。她曾經是他腳底的泥，為了愛尊嚴掃地。

在忍痛離開胡蘭成很多年後，遲暮之年的張愛玲提起筆來，寫了一部《小團圓》。這是那場愛戀給她留下的珍珠，淡淡的筆墨下埋藏著很深的痛苦。從溫州回來後，她寫信給他：「我已經不喜歡你了，你是早也不喜歡我了。這次的決心，我是經過一年半的長時間考慮的。彼此唯以『小吉』故，不欲增加你的困難。你不要來尋找我，即或寫信來，我亦是不看的了。」現在讀來仍是一字一淚。

「見了他，她變得很低很低，低到塵埃裡。但她心裡是歡喜的，從塵埃裡開出花來。」這是張愛玲在初見胡蘭成後不久在送給他的一張照片上面所題的話。一語成讖，在這段感情裡，她確實低到了塵埃裡，而事實上，這樣的低姿態對她自己來說是一種莫大的傷害，畢竟，她沒有辦法做到像舊式女子那樣溫柔和順，她渴望的還是兩人之間平等的相知相愛。

所謂「低到塵埃裡的愛」，從本質上來說就是嚴重不對等的感情，你愛一個人遠遠超過對方對你的愛時，就會情不自禁地仰望他，而把自己放在一個很低的位置上。要知道，保持這種姿勢是很累的，畢竟脖子仰久了是會酸痛的，但凡做過「舔狗」的人，回想起當初那種卑微到死的狀態，幾乎無不替自己感到不值。

因為這種不對等的愛實在是太傷人了，即便從中抽身而出，回想起來心頭仍會隱隱作痛。張愛玲的《小團圓》就寫到過她在被胡蘭成所負後，經歷過怎樣剜心割肺的疼痛——她恨他恨得甚至動過殺心。

我相信，如果可以穿越時空回到過去，張愛玲一定不會為了胡蘭成卑微隱忍到那個地步，見了這個風流浪子，只怕她會能有多遠就躲多遠。如果我們能夠穿越回去，想必也不會再那樣無怨無悔地當「舔狗」，尊嚴掃地就算了，最悲哀的是，你把自己的姿態放得越低，對方就越不會珍惜你，就像歌裡面唱的那樣「得不到的永遠在騷動，被偏愛的永遠有恃無恐」。

說是這麼說，但當身陷其中時，恐怕很少有人能做到像回憶往事時那樣清醒。我覺得從張愛玲的故事中，那些深陷在不對等愛情裡的姑娘，至少可以學到兩點教訓：

第一，誰不曾為愛犯過賤，但犯賤最好趁早，人在年輕的時候康復能力比較強，即使心碎成了一片一片，也可以撿回來自己拼好，但等到年紀大了，談一場戀愛就像老房子著火，這個時候千萬別讓自己再次「低到塵埃裡」去了，因為你實在傷不起了。

第二，懂得及時止損，但也別強逼自己離開。繼續還是離開，其實是一件很自然的事，等你真正痛得無法忍受了自然會選擇放手，失望攢夠了自然就會變成絕望。在此之前，你儘管去投入、去付出、去守望。別再一邊做舔狗一邊鄙視自己，這樣你承受的痛楚會變成雙倍。

按照我的個人經驗，犯賤這事好比出疹子，一輩子總要出一次，但出過之後就有免疫能力了，所以不要忙著譴責自己，就把它當成一次歷練吧，只要我們足夠勇敢，足夠堅韌，那些傷筋動骨的戀愛，最終會將把我們淬煉成鋼。

25 過度犧牲，正在毀掉當媽的

不知道你有沒有發現，有些朋友突然有一天就從你的生活中徹底消失了，電話不接、微信不回、朋友圈也不更新，聚餐K歌更是從不參加。這種情況下，這位元朋友多半不是發生了什麼意外，而是從小公主一夜之間升格為孩子媽了，從此以後，她只剩下一個身份，那就是母親。

當過媽的人都知道，在剛晉級為人母的頭兩年裡，生活基本上可以用四個字來形容，那就是「兵荒馬亂」。沒生娃之前以為呱呱墜地的嬰兒都是小天使，生了娃之後才知道，只有在睡著的時候娃才乖得像天使。大多數時候，娃就是一個磨人的「小惡魔」，媽媽們初為人母，一個個手忙腳亂，只覺得時間完全不夠用。

我的朋友Amy就是這樣，在還沒有晉級為人母之前，她是那種最洋氣的在外企上班的office lady，喝最烈的酒，泡最晚的吧，用最好的面膜，熬最貴的夜，玩樂和工作一樣拼到極致，奉行的宗旨是人生得意須盡歡。一到節假日，她就熱衷於呼朋引伴聚會，什麼都比不上自己開心來得重要。

這麼一個瀟灑姐，自從當了媽之後，她的畫風就完全變了，不僅不再主動發起聚會，就連我們叫她出來，也總是推說太忙。你問她在忙什麼，得到的回答基本都是跟娃有關的：帶娃去嬰兒游泳館游泳，陪娃去上傳說中的天價早教班，為了娃專門飛到日本去購物，從奶瓶到尿不濕（尿布）足足買了兩大箱子……

平時她偶爾在閨密群裡冒泡，也是三句話不離娃：

我會換尿布了；

我會給寶寶把尿了；

我會給他洗澡了，而且知道什麼樣的水溫最適合他；

我會唱歌哄他了，經過實踐後發現他最愛聽的歌是《藍精靈》以及鳳凰傳奇的所有歌，催眠用的最佳歌曲則是《我愛北京天安門》。

我以前總覺得自己有很多很多的愛無處安放，現在好了，我有了一個最親愛的小人兒，我可以毫無保留地愛他。一聽到他的哭聲，我就著急忙慌地跑去哄他；而只要他衝我一笑，全世界的花兒就在我面前綻放了。

……

當媽的確實都忙，可沒見忙得像Amy這樣的，她幾乎全身心撲在了孩子身上，休完產假後回公司，也一改從前「拼命三娘」的作風，變得特別佛系，每天總是踩著點上下班。她老公本來還算體貼，她卻不放心讓他分擔，覺得他粗手笨腳，肯定帶不好娃，婆婆特意過來幫她，她也不領情，總覺得老一輩的人在育兒理念方面太陳舊，還是自己親力親為比較好。

因為她太忙總是抽不出空，我和另外一個朋友只好約了一個時間登門去拜訪她。一見面，我簡直大吃一驚，大半年不見，Amy完全變了一個人，瘦得形銷骨立，整個人也不修邊幅，隨隨便便穿了件半舊的睡衣，臉上不施脂粉，看上去分外憔悴，沒有半點兒以前精緻講究的樣子。要知道，她從前可是一個倒個垃圾都會先化妝的主兒。

為什麼她會瘦成這樣？為什麼她見人前居然也沒有化個妝？這些問題我們一直忍著沒敢問，可在接下來短短的兩小時裡，我終於見識到了什麼叫「二十四孝」媽媽。

在那兩小時的時間內，Amy就沒有停下來休息過一分鐘，我們吃飯的時候，她在忙著給寶寶做輔食，米粉要親自磨碎，擔心外面買的有添加劑，蘋果和胡蘿蔔要蒸熟之後再打成泥，混合在米粉裡面一起餵食，這樣才能營養均衡。她光是奶瓶就買了十幾個，每個用完後都要高溫消毒以備輪流使用。吃飯時還發生了一個小插曲，她婆婆往孩子嘴裡喂了一勺小米稀飯，她在廚房裡遠遠地瞧見了，連忙飛奔出來，手疾眼快地制止了婆婆的餵飯行為。令我們大跌眼鏡的是，她居然硬生生地把那勺稀飯從孩子的嘴巴裡給摳了出來，嚇得寶寶哇哇大哭。

她好不容易吃完飯，寶寶又拉大便了，弄得到處都是，只好趕緊洗澡。她老公打好水，叫她抱寶寶過去，她很不高興地白了他一眼，抱怨他又沒測水溫，趕緊抱著寶寶去找水溫計。我和朋友在旁邊看得瞠目結舌，終於知道她為何會忙成陀螺了。

一年多的哺育生活，把Amy從一個十指不沾陽春水的嬌嬌女變成了一個整天圍著寶寶轉的歐巴桑。這一年多，她瘦了、老了，一天只能睡幾個小時，黑眼圈堪比熊貓，一年來沒看一場電影，事業也停滯不前，說起來真是一把辛酸淚，滿肚牢騷話。

「我媽跟我說，當時她生了我半年後就把我扔到了廠裡的托兒所，她自己照樣上班。妳們說那個年代當媽的人怎麼就這麼輕鬆呢，也太不負責任了，我怎麼就累成這個樣子了？連個幫忙的人都沒有，實在是太累了。」見老公和婆婆都不在，Amy便趁機向我們訴苦。

見到她瘦脫了形的樣子，我作為朋友也覺得很心疼，只得寬慰她：「那妳可以試著讓老公和婆婆分擔一下啊，或者叫妳媽來也可以，她不是內退了嗎？」

「別提了，妳也看到了，他們不添亂就好了，根本幫不上什麼忙。至於我媽，連我都沒怎麼帶過，哪還能讓她幫忙帶外孫？」Amy想也不想就否定了我的建議。

「那妳看是不是早點兒把寶寶送到托兒所或者幼稚園，這樣就能騰出手來忙自己的工作了。」另一個朋友提議。

「這可不行，妳們沒看育兒方面的書嗎？所有的育兒專家都說了，孩子在3歲以前的成長期最關鍵，我必須盡可能地和寶寶待在一起。」Amy趁機對我們進行了有關如何親密育兒的科普教育。

Amy說的話有一定的道理，我們這一代和上一代人的育兒理念截然不同，最大的區別在於，上一代人囿於生活條件，還停留在把孩子養大的階段，只要把孩子養得白白胖胖，節衣縮食供孩子上學，就算盡到了為人父母應有的責任；到了我們這一代，更多的是想著如何讓孩子更加快樂、健康地成長。

我曾經寫過一篇叫作《為人父母，誠惶誠恐》的文章，其中提到：「23歲的媽媽，理直氣壯地生下了我，理直氣壯地以她的方式養大了我；30歲的我，誠惶誠恐地生下了兒子，為人母親後，更是誠惶誠恐，不知道如何做才能成為一個合格的母親。」

想必我們這一代稍有責任感的人，在為人父母之後，都會有這種誠惶誠恐的感覺，特別是當媽的，就算付出再多，也會覺得自己做得不夠好。可是反過來想，不負責任地放養固然不好，但像Amy這樣為了孩子完全犧牲個人的成長和時間就真的好嗎？

作為旁觀者，我們可能覺得，她的有些犧牲是完全沒有必要的，也是可以避免的。當媽當到這個份上，不僅自己累，連家裡的人也會跟著累，因為她會用同樣嚴苛的標準去要求身邊的人，在自己爭取當一個完美媽媽的同時，還會要求老公做一個完美的爸爸、婆婆做一個完美的奶奶。如果真是樂在其中倒還罷了，關鍵是她也會抱怨，也會覺得自己犧牲得太多。

一說起媽媽，好像傳統的觀念都是和犧牲有關。在物資匱乏的年代，媽媽們總是節衣縮食，將好吃的都省給孩子們吃，以致於「媽媽喜歡吃魚頭」的故事廣為流傳。如今，物質生活豐裕了，媽媽們不用再為孩子在金錢上犧牲了，變成為了孩子去犧牲自己的事業，無限度壓縮自己的業餘時間，這樣做的結果，往往是媽媽活得很苦情，孩子也不會太快樂。愛和奉獻都應該適可而止，太多的話，不但會榨乾自己，也會成為對方的包袱。

有一個叫吉田穗波的日本女醫生，她在一家醫院任職，工作相當忙，同時是一位新晉媽媽。很多女人可能覺得工作家庭難以兼顧，可吉田穗波呢，卻在陸續生了五個孩子、全職工作的同時，到哈佛留學兩年，還出版了一本書。

如此忙亂的生活會不會亂成一鍋粥？吉田穗波誠實地回答，當然會亂作一團。但如果你想做一個多元利用時間的媽媽，就得把完美的標準放在一旁，做一點兒是一點兒，同時，你得學會向人求助，讓他人幫你分擔。吉田穗波並沒有為了孩子把自己的工作和學業拋到一邊，可是誰又能說，她不是一個合格的媽媽呢？至於完美，拜託，這世上從來沒有什麼完美的媽媽，我們需要做的，就是放下完美的執念，先從合格做起。

關於什麼才是一個合格的媽媽，本來就沒有統一的衡量標準，照我的理解，最理想的親子關係，不是為了孩子犧牲一切，而是能夠和孩子一起成長。在我心目中，合格的母親是這樣的，她會在撫養孩子的過程中學會付出，學會體諒，學會堅強，學會寬容，學會愛。合格的母親首先得是一個合格的人，有屬於自己的夢想和空間，她首先是自己，然後才是母親。她不應該完全淪為孩子的附庸，而是要做孩子旁邊的一棵樹，根緊紮在土裡，葉相逢在風裡，每一天都在陽光和清風中相互致意，一起快樂地成長。

26 在這個勢利的世界裡，儘量做一個不勢利的人

（1）

最近，我的朋友圈被一個公益廣告刷屏了。

在名為《致25歲還一無是處的你》的廣告裡，基金會請來了幾位企業界大佬，他們對一些匿名求職者的簡歷進行評估。

第一份求職簡歷，A先生，成績好，學歷漂亮，但十幾年都沒有工作經驗，一直宅在家裡。

第二份求職簡歷，B先生，年輕，25歲，工作經歷豐富，做過洗車員，還做過麵包學徒，但只有中學學歷。

第三位求職者C，他每份工作的時長都只有一個月。

毫無疑問，大佬們對這三份簡歷都瞧不上眼。

評估結果揭曉，第一位A先生，是大導演李安；第二位B先生，是知名麵包師吳寶春；第三位C，是朋友的孩子……

廣告最後說：沒有了偏見，留給年輕人的就是無限。

（2）

廣告中說的是偏見，我看到的卻是勢利。當然，勢利本身就是偏見的一種。為什麼很多人被這個廣告打動了？一是因為它拍得走心，二是因為大多數年輕人感受過來自成年世界的勢利。

世界是勢利的，對一窮二白、一事無成的年輕人更是如此。有多少年輕人像廣告中的求職者一樣，苦苦期待著世界能夠給他一個機會，結果等到的卻是冷漠和輕視。他們要遭受無數次的白眼，才能獲得一點點微不足道的機會。

曾經有一部電影叫《莫欺少年窮》，講述的是黃家駒年輕時的故事。可在現實的社會裡，不欺少年窮的人太少了，尤其是在奉行叢林法則的當下，少年們想要往上走就變得格外艱難。

勢利社會有一套衡量人的標準，凡是不符合這個標準的人都會被排除在外。你不是名校畢業生、你沒有工作經驗、你沒有名氣、你資歷不夠深，任何一條都足以將你拒之門外。

這個時候，除了自己加把勁努力外，你只能向上天祈禱，會有那麼一個人，或者那麼一家公司，願意給你一個機會，讓你試一試。

幸好我們身處的世界並不是鐵板一塊，勢利雖然是主流，可總還是有那麼一小撮不勢利的人，他們不去理會那些條條框框，他們願意向你伸出雙手。

這樣的人，我們通常稱之為貴人。我在找工作和出版的路上，就遇到過不止一個貴人，感謝他們，讓毫無相關經驗的我，得以進入一個全新的行業，讓從來沒有出版過書的我，得以出版人生中的第一本書。

(3)

我相信每個人都遇到過自己的貴人，不管你遭遇過多少冷漠，總有一些人曾給予你善意和溫暖。大至工作機會，小至一個飯團，甚至只是一句暖心的話。

一個讀者曾告訴我，她剛畢業去了一所學校教書，是同批老師中唯一一個不是從名校畢業的。一開始學生不服管束，為此她屢屢被領導和同事質疑，他們懷疑她的工作能力。有一次她因為學生太吵鬧在辦公室偷偷哭了起來，一個男同事見了，過來輕輕地說了句：「我們都是這麼過來的，你只是需要時間。」就是這句話，讓她得到了安慰，最終熬過了那段艱難的時光。

韓信落魄時，三餐不繼，在河邊清洗衣物的漂母給了他一頓飯。後來他功成名就，以千金報之。一飯之恩，也許很多人覺得算不了什麼，可對一個飽受白眼的人來說，其分量遠在千金之上。

世界越冷漠，就越顯得溫情可貴；世界越勢利，我們就更要感謝那些不那麼勢利的人。

（4）

勢利的存在自有其合理性，至少它可以催人奮進。

很多時候激發我們奮力爭上游的不是愛，而是因為不甘心，不服氣，不想被人看成一條鹹魚。

我不明白的是，為何那麼多曾經遭遇過勢利眼的人，在取得了俗世認可的成功後，一轉身就開始歌頌起這個勢利的世界。以前的人至少還要想著為自己的勢利遮一層面紗，說明他們潛意識中認為這是不對的，現在的人倒好，勢利得明目張膽。

他們總是將自己的成功完全歸結於自己的努力，果真如此嗎？除了自己的努力，他們就沒有得到過任何人的幫助和提攜嗎？若世上人人都無比勢利，只怕階層早已固化，上升的管道將越來越窄。在一個全然勢利化的社會裡，一窮二白的年輕人得不到任何機會，一輩子都翻不了身。

如果你曾經嘗過那種被人輕慢的滋味，想必知道那滋味並不好受。努力的意義，是不把這個世界讓給我們所憎惡的人，而不是把自己變成曾經深惡痛絕的人。

不少人曾經痛恨他人的勢利，但等他們掌握話語權後，又轉而成為勢利世界的一分子，用別人對待他們的方式，對待其他人，甚至變本加厲。

（5）

可能我是一個老派的人吧，嚮往的還是《論語》中所說的那種「富而無驕，貧而無諂」的境界。

在成長的路上，我當然受過冷眼，但我更願意記住那些難得的善意，並將善意繼續傳遞下去。我不能保證自己一點兒都不受勢利的影響，只能力求在這個勢利的世界裡，儘量做一個不那麼勢利的人。

我永遠記得，在自己眾叛親離的時候，一個朋友給流落異鄉的我打電話說：「就快過年了，我替你去看看你奶奶吧！」這件事教會了我，今後不管哪個朋友如何落魄，我都應該不離不棄，就像我的朋友一樣。我永遠記得，剛開始在網絡上發表作品時，一些並不認識我的大V紛紛推薦我的文章。所以後來有人想讓我幫忙推薦，只要他寫的文章不是過於上不了檯面，我都會盡力而為。

要消除勢利之心是一件很困難的事情，趨炎附勢可能是人之本性，就像我們去看一本書，很多人是帶著勢利眼去看的，拿過大獎的作品即使寫得不好，也很少有人有膽量指出它的不好之處。

以勢利眼來評判萬事萬物，最大的弊病是我們只剩下成功與否這一個標準。一本書如果沒拿過獎，又賣得不好，人們就會覺得是作者寫得不好。一個人如果沒有功成名就，就會被大家唾棄，你窮你活該，你弱你沒理。在勢利的社會裡，每個人、每樣東西都有價格，至於價格背後的價值，是沒有人關心的。

勢利社會的結構就像一座金字塔，不少已經攀爬至頂的人坐在塔尖，冷眼看著比他弱、比他窮的人往上爬。當你問他們，為什麼不拉這些人一把時，他們會冷笑著告訴你：我當初奮鬥的時候，也從來沒有人拉過我。

話是這麼說，可當初的你曾那麼渴望有雙手能拉你一把，為什麼現在就不能做那個率先伸出手的人呢？就算不願意伸手去拉，也請不要往那些攀爬的人身上踩上一腳。

27 溫柔的人永不過時

阿施是我在採訪時認識的，地地道道的廣東人。要說全中國還有哪個地方的女孩子仍舊保留著古代女性溫柔嫻雅的本性，可能非廣東莫屬了。阿施是貨真價實的「靚女」，人生得高䠷漂亮，我生完瓜瓜後，她來我家看我，走之後我媽再三質疑：「你確定她真的是廣東人？」她完全想像不到，在廣東人中還有這樣的美女。

人長得美就容易恃靚行兇，阿施卻完全沒有這樣的傾向。她不但不凶，而且溫柔得很，說起話來總是和聲細語，配上動人的微笑，真讓人有如沐春風的感覺。我老公和她接觸不過兩三次，每次都感歎，想不到天下還有如此溫柔的女子。當然，參照物如果是我的話，這個標準有點兒低，不過阿施的溫柔可見一斑。

阿施可以說是天之驕女。她出生在小康之家，父親是醫生，大學畢業後她就順利考上了公務員，又嫁了一個疼愛她且前程似錦的老公。這樣的生活，順風順水得足以令廣大女性嫉妒。我承認，儘管阿施平易近人，有時候我還是會覺得和她之間頗有距離，因為我們彼此的境遇相差太遠。

我採訪阿施的時候，正是她人生的巔峰。那年是虎年，是她的本命年，正好我們要找十對屬虎的新郎新娘採訪，阿施就是十位新娘中的一位。當時她向我描述新婚宴爾的生活，言語間不時流露出初為人妻的甜蜜。我記得她發給我的照片上，她穿著白色的婚紗，赤足踩在海灘上，對著老公笑容燦爛，在她的身後，是碧藍的大海。

長久以來，阿施給我的印象，就像這張照片一樣，美得不染人間煙火。我有時想，天使落入了凡間，或許就是她這個樣子。

直到我也做了母親，兩個人比以前更親近了些，有一次吃飯時聊起家庭，她忽然問我：「你知道我家裡的事吧？」我懵懂地搖了搖頭。阿施想了想，終於開口說：「我老公出了場車禍，很嚴重的車禍。」我一下子蒙了。

變故發生在一年前，那時的阿施剛生了寶寶不久，孩子只有兩個月，她老公就因疲勞駕駛出了車禍，車撞得完全變了形，她老公在ＩＣＵ裡住了小半年，這期間阿施的媽媽也生病了，居然是癌症。父親要上班，家裡家外都是阿施一個人在忙，懷裡還有一個嗷嗷待哺的小娃娃。最痛心的是，婆婆不但不幫她，還指責她沒照顧好自己的兒子。

再難熬的日子也會挺過去，等到阿施向我訴說的時候，事情已經過去了一年，老公還在住院，正在緩慢康復中，可以不用拐杖獨立走一段路了。媽媽的病沒有惡化，生活能夠自理。寶寶也長大了，會走路會說話，還會給媽媽倒水疼媽媽啦！

「我都不知道自己是怎麼熬過來的。」阿施說到這些，眼圈有些發紅，但她很快又恢復了微笑，她說，最艱難的時候，都想放棄了，那些日子，兒子就是她生命中唯一的光。

我看著面前的阿施，她還是那麼溫柔漂亮，我根本想像不到，在她身上曾經發生過這麼大的不幸。自從我和她認識以來，似乎一直都是她在關心我，工作上有什麼煩惱，採訪時想要找本地人，都是找她幫忙。在過去的一年裡，這種狀況也沒有什麼變化，每次我在QQ上和她說話，她都是事無巨細地一一解答。

在她的空間裡，我常常看到她曬一些旅行、聚會的照片，照片中的阿施看上去還是開開心心的，只是比以前瘦了不少。我何曾想到，在她產後暴瘦的背後，有著這樣的變故。長久以來，阿施就像一輪小太陽，向身邊的人散發著光和熱，這些人中就包括我，可是我居然不知道，小太陽的內心早已經燃燒成了灰燼，曾經面臨著完全冷卻的困境。

「其實也沒什麼啦，也許是老天以前對我太好了，所以要考驗一下我。」阿施說道。在過去的一年裡，她使出了全身的力氣努力生活，努力照顧好每個家人，把自己打扮得漂漂亮亮的，在兒子生日時讓人上門拍親子照，把全家都安頓好了還抽空去了一次泰國，最後她發現，原來一直習慣被人照顧的她，也可以這麼能幹。

說到未來，阿施對老公的徹底康復並不是特別有信心，她唯一可以確定的是，不管處於什麼樣的境地，都要讓自己的生活保持「正常」的樣子。「如果我都倒下了，一家人還怎麼支撐下去？」阿施掏出手機給我看她的親子照，照片上，她抱著兒子，兩個人都在笑，比起海灘上的那張照片，她的笑容不再那麼無憂無慮，而是多了一些沉甸甸的內容。可我怎麼覺得，這些沉甸甸的內容令她的美更有質感了呢？一直以來，我對溫柔的人都毫無抵抗力。小時候，我最喜歡的人就是《紅樓夢》中的寶玉，7歲的我連「賈」字都不會寫，只會翻來覆去地在舊檯曆上寫「假寶玉」三個字，惹得姑姑和姑父一頓嗤笑。姑父問我是不是長大以後要嫁給賈寶玉這樣的男人，我斬釘截鐵地回答說是的。那時我只有7歲，已經明白自己喜歡什麼樣的男人，他會和寶玉一樣笑容永遠溫煦、聲音永遠溫和，在我生氣的時候，他會飽含柔情地叫我一千句「好妹妹」。

後來讀了《紅樓夢》的原著，我才發現，領略過寶玉式柔情的人，不只有林妹妹，還包括大觀園中的眾多姐妹。知道襲人愛吃豆腐皮的包子，他就巴巴地為她留著；晴雯冬夜裡穿著小衣起床，他也忙不迭地為她暖手。

寶玉的溫柔純粹出於天性，即使是對素不相識的女孩子，他也毫不吝惜這份柔情。看著齡官在那裡畫「薔」字，他一片好心去提醒人家，卻忘了自己也在淋雨。劉姥姥信口開河胡謅了一個什麼穿紅衫子的姑娘，他就信以為真，大老遠想去一睹芳華。寶玉有一種刻在骨子裡的優雅，即使是在鬧哄哄、亂糟糟的酒宴上，他脫口唱出的竟然是《紅豆曲》那樣精緻傷感的曲子。

並不是所有人都能理解寶玉的珍貴，在大多數人的眼中，他只不過是一塊無緣補天的頑石。他為姐妹們操碎了心，但姐妹們卻笑他「無事忙」。幸好還有林妹妹懂他，所以只有她能和他共讀《西廂記》，只有她從不勸他熱心功名。我相信黛玉臨終之際並無遺恨，被寶玉那樣精心地愛過，這一生又怎稱得上遺憾呢？

成年後我喜歡的每個男人都像他，不管是張國榮還是段譽。我以為全世界的女人都和我一樣，渴望被精心地愛著。我以為對一個女人來說，溫柔是選擇男人最重要的標準。後來我才發現，世界已經變了，變得如此強硬、如此冷酷，容不下半點兒柔情，姑娘們愛硬漢、愛浪子，唯獨不愛俠骨柔腸了。在這樣的年代，難怪他要被人棄之如敝屣，「賈寶玉」三個字甚至被誤讀成了娘娘腔。

我一度也曾羞於提及自己深愛過寶玉，這是一個盛產鏗鏘玫瑰的時代，連女人都修煉成了百煉鋼，我又如何能夠毫不臉紅地承認自己只愛繞指柔？於是，我像一個男人一樣投奔於職場，像一個男人一樣蠅營狗苟、狼奔豕突。我以為自己已經修煉成銅皮鐵骨了，可是，當我坐公交車被五大三粗的硬漢們擠成一張紙時，當我工作上出了差錯被男上司訓斥得像一條狗時，當我和老公吵了架默默在床頭抹眼淚時，我是多麼懷念他。

我已經長大了，不再像小時候那樣幻想著能嫁給像寶玉一樣的男人，但是我多麼渴望，自己遇見的男人能或多或少地有寶玉身上的溫柔。也許他們也有溫柔的時候，在情人面前，在熱戀尚未冷卻時，但他們誰都比不上寶玉，他的溫柔與生俱來，從不更改。

年紀越大，我就越喜歡像寶玉和阿施這樣溫柔的人。在如今這個時代，溫柔成了一種特別稀缺的品質，而擁有這種品質的人也都成了「稀有動物」。很多人將溫柔誤讀為軟弱，其實不是這樣的，真正溫柔的人，知世故而不世故，歷經滄桑卻單純如初，歲月將很多人的心磨得生出了硬繭，而他們的心卻始終柔軟。

我們活在這個世上，難免會受傷，難免會流淚，在經歷了那麼多世事之後仍然能保持一顆柔軟的心，仍然能不吝惜付出溫柔的人，才是真正了不起的人。他們有的像寶玉那樣，寧願自己受傷，也不願意傷害別人；有的像阿施那樣，即使帶著傷疤仍然不忘微笑，這是一種相當高層次的善良。正是因為有他們的存在，讓這個堅硬的世界增添了一抹柔情，我相信溫柔的人永遠都不會過時，就像我相信人們永遠都渴望柔情一樣。有一個詞叫柔情似水，真是太貼切了，水是那麼柔軟，卻又暗含著無窮的力量，柔情似水的人也是如此。

溫柔是一種天性，更是一種習慣，先天稟賦不足的人，也可以通過後天練習，慢慢成為一個內心柔軟的人。沒有人不渴望被這世界溫柔相待，但在此之前，你有沒有想過，要想被世界溫柔相待，首先得溫柔對待世界呢？讓我們率先做那個給出溫柔的人吧，一個流淌著柔情蜜意的世界，遠比一個冷酷堅硬的世界更讓人眷戀，而這需要我們共同努力。

28 一個人的成熟，從學會不嫉妒他人開始

小表妹最近有點兒苦惱，苦惱的根源來自她最好的朋友。她和朋友住同一個小區，讀同一所學校，兩個人都屬於天之驕女，漂亮活潑，天資出眾，家境、成績、長相、才藝都勢均力敵，在家是父母的掌上明珠，在學校是老師的寵兒。

兩個小姑娘之間的關係很微妙，一方面好得蜜裡調油，另一方面彼此都暗暗較著勁。一個鋼琴拿下十級，另一個小提琴就要拿八級；一個被老師欽點為六一文藝會演的主持人，另一個則是國慶合唱比賽的領唱者；一個這次拿了班上的第一名，另一個鉚足了勁下次一定要趕上來。

兩人你追我趕，互不示弱，維持著一種微妙的平衡。直到她們去年升上高中，這種平衡被打破了，小表妹的朋友隨父母移民去了美國加州，一開始，只要朋友一給她發來郵件，她就會興沖沖地跟我們分享，真心地為朋友高興，後來慢慢地她就不愛說這些了，可能是感覺到了落差。朋友在美利堅合眾國的熱土上適應得挺好的，進了一所有名的私立中學，相當於一隻腳踏進了常春藤大學，業餘生活也豐富多彩，不是去歐洲旅遊，就是在社

區實踐，還成為學校棒球隊的啦啦隊女孩，收到的情書可以用打來計算。

比較起來，小表妹在國內高中的生活就可以用乏善可陳來形容，整天就是在宿舍、食堂、教室的三點一線中穿行，每天都是上不完的課、做不完的卷子。本來她還覺得沒什麼，可一對比起那個在加州陽光下自由自在成長的朋友，她就越發覺得現在的生活難以忍受。

「我不想再和她聯繫了。」小表妹怏怏地對我說，「怎麼辦啊姐姐，我覺得再和她交往下去，我會控制不住自己的嫉妒心。她是我最好的朋友，我卻嫉妒她，這樣是不是很不對啊？」

我被她不加掩飾的天真爛漫逗笑了，其實嫉妒朋友這回事，成年人之間估計更嚴重，可我們已經不會再像她這樣坦蕩蕩地承認自己的嫉妒心，更不會糾結對還是不對。

「沒什麼對不對的，妳有這種心理很正常。」作為一個過來人，我只能告訴小表妹，我在像她這麼大的時候，也曾經被控制不住的嫉妒心折磨過。

我嫉妒過表妹敏敏。敏敏小我一歲，所以打小我們就較其他表姐妹更親密。說實話，小時候我對她有一種隱約的敵意，因為她年紀雖然比我小，但個子比我高，長得比我漂亮，嘴比我甜，而我除了成績好，幾乎就是一個悶小孩。親戚們總覺得我什麼地方都不如敏敏，對她也比對我親熱得多。

我還嫉妒過一個好朋友亦靜學姐，曾經我特別渴望成為她那樣的女子。我爸爸和她媽媽是同事，爸爸媽媽從小就以她為榜樣教育我，亦靜的優秀成了我的夢魘。爸爸總是在飯桌上轉達關於她的光輝事蹟：亦靜又拿了全校第一名，亦靜主持了迎新晚會，亦靜第一批入了團……說得我無比惶恐，只敢埋頭吃飯。

亦靜從著裝到舉止走的都是淑女路線，她從來不穿那些我們認為可愛的粉粉嫩嫩的少女裝，偏愛藏青、淡碧、深藍這一類的顏色。我記得她有一件藏青色的滑雪衫，樣式很普通，不知道為什麼，穿在她身上就特別合適，襯得她分外嫺靜。她說話柔聲柔氣的，未語先笑，並不介意兩齒微露，讓人感覺很有親和力。

這樣的脾氣性格，居然人緣並不好。很多時候，她都是獨來獨往，女生們不是不想親近她，而是心裡怯怯的。那會兒，我們野得可以跳上乒乓球台和男生決鬥，亦靜的淑女氣質實在和廣大初中女生不搭。說白了，她那麼出色，我們都不想淪為她身旁的陪襯綠葉。

其實亦靜和我的關係一直以來都還不錯，因為她總是對我主動示好。儘管如此，我內心深處其實對跟她走得太近這件事有點兒抗拒的，那種心態，就像小表妹一樣，不願意天天生活在好朋友的光環之下。

嫉妒是一種很不好受的感覺，就像巴爾扎克說的：「嫉妒者所受的痛苦比任何人遭受的痛苦都大，他自己的不幸和別人的幸福都會使他痛苦。」確實是這樣的，就拿當年的我來舉例子，有一次我期末考試正好跌出了前三名，而亦靜卻以高分考入了我們那兒最好的重點高中，於是我幼小的心靈就承受了雙重的傷害。而且這種情緒是無法說出口的，甚至會在心裡譴責自己：你怎麼能嫉妒自己的好朋友呢？真是不應該啊！於是我又多了一重良心上的折磨。

有一句流行的話：「沒有比較就沒有傷害。」確實是這樣，大多數人的挫敗感，一半來自自己的失敗，另一半來自朋友的成功，後者的作用似乎更甚。理論上我們應該盼望朋友過得很好，而實際上我們卻常常抱著「希望你過得好，但不要比我好」的念頭。

在這種念頭的支配下，我們總是會選擇那些和我們差不多，甚至比我們差一點兒的人做朋友，而不願意去和那些比我們美、比我們瘦、比我們有錢的人親近，至少曾經的我就是如此，這樣會讓人故步自封，錯失很多提升自我的機會。

嫉妒發展到極致時，還會讓人面目全非，變得猙獰。韓劇《來自星星的你》裡有一段經典的臺詞，女主角千頌伊對嫉妒她的女配角劉世美說：「看到別人比你爬得高，不是說我也要去那裡，而是對別人說，你下來吧下來吧，也到這泥潭裡吧！而我不會到這個泥潭，陷入每天嫉妒別人的泥潭。」

當時看劇，聽到這段臺詞時我還蠻震撼的，可能是因為我也曾經在這種泥潭裡待過而不自知。千頌伊說得很形象，當一個人被嫉妒沖昏了頭腦時，不是花力氣讓自己站在更高處，而是竭盡全力地將嫉妒的對象從高處拉下來，這是很可怕的。

為什麼會產生嫉妒他人的心理呢？因為我們總是愛和別人比較，周圍的人也總是慫恿你去和別人比較，所以大多數小孩是在攀比中長大的。

按理來說，我們最不應該嫉妒的人就是自己的好朋友，可偏偏最控制不住去嫉妒的人就是好朋友。對很多人來說，好朋友就是參照物的代名詞。後來我才知道，在心理學上有個專門的詞語叫「peer pressure」，翻譯過來就是「同輩壓力」。同輩也就是年齡、地位都差不多的人。這個詞大致是指處於同一個群體之中，人們會迫於來自同輩的壓力而做出行為上的改變。

人這一輩子都伴隨著同輩壓力，所以我們總是忍不住和身邊親近的人去比較。我們很難去嫉妒一個高不可攀的人，卻往往會嫉妒一個和我們特別相近的人。馬雲賺了一千億，帶來的衝擊力也遠不如隔壁小王同學去年又掙了一百萬。一個特別出色的人往往要承受更多被人嫉妒的壓力，因為他冒犯了絕大多數人平庸的生活。

生活在這種比較體系中的人，真的很難對同伴不起嫉妒之心，因為我們總是下意識地將同學、朋友，包括表兄妹之類的都當成競爭對手。對很多中國人來說，人和人之間的關係只有一種，那就是競爭關係。沒有人不害怕在競爭中落於下風，於是在拼命往前跑的同時，幾乎每個人的心裡都有過盼望對手在跑道上跌倒的想法。

嫉妒過朋友的人想必都被這種情緒困擾過，也肯定想過要擺脫，但只要你還是把朋友當成競爭對手，就很難徹底擺脫這一困境。那麼到底還有沒有辦法呢？

我也一直深受其苦，直到我看了一本介紹阿德勒心理學的書，書名叫《被討厭的勇氣》。書中提出，我們原本可以不把他人看成競爭對手，而是看成夥伴。我們和他人的關係，可以不必一定要你死我活，而是可以共存雙贏，形成一種類似於「共同體」的關係。你和家人、你和朋友、你和同學，都是一個個小的共同體，這樣的話，他人的成功對我們來說將不再是一種刺激，而是變成了滋養。

這個說法真是讓我耳目一新，當我試著按書中所說的那樣去想、去做時，新世界的大門打開了，只要改變了那種所有人都是競爭對手的觀念，我發現自己就不再那麼容易嫉妒他人，而是真誠地為朋友的每次成功感到高興，這樣一來，朋友自然開心，我也如釋重負。真的，當一個人學會克服自己的攀比欲和虛榮心後，就會發現人生根本就沒那麼艱難，你只要在自己的跑道上慢悠悠地跑就好了，無須理會旁邊的人跑得是快還是慢。

在某種程度上，只有不因朋友的成功而嫉妒的人才算得上真正的朋友。我的偶像亦舒師太在小說《流金歲月》裡寫到理想的友誼：「那種難得的朋友，我成功，她不嫉妒；我萎靡，她不輕視。人生得一知己足矣。」30歲以前，我渴望擁有這樣的知己；30歲以後，我希望自己能夠先成為這種難得的朋友。對於朋友的成功，努力做到不嫉妒；對於朋友的萎靡，努力做到不輕視，我想只有這樣，才配得上擁有一個真正的知己。

29 一張笑臉，就是對世界最大的善意

這幾天生病去醫院輸液，我手上的血管特別細，一個護士姐姐在給我扎針時連扎了兩次還沒有扎進去，緊張得連連道歉。我笑著安慰她說：「不要緊的，不怪妳，只怪我的血管不夠粗，實在不行的話，妳就給我扎在腳上也行。」

旁邊來打針的人也都笑了，一個大媽誇我：「這姑娘脾氣真好，長著一副笑模樣。」護士姐姐也沒那麼緊張了，立刻眼明手快地扎好了針，還低聲對我說「謝謝」，我還是邊笑邊說：「謝什麼啊，應該是我謝謝妳才對。」

下午我再去輸液時，她主動站了出來，說要給我扎針。下午人挺少的，我們就有一搭沒一搭地閒聊起來。我問她最怕給哪種人打針，她壓低聲音悄悄告訴我：「最怕的就是那種一進門就黑著一張臉的，活像武松，嚇死寶寶了。」

我撲哧一聲笑了：「武松？妳是說黑旋風李逵吧？」她連連點頭：「是呀是呀，就是李逵，比李逵還嚇人呢，這種人一般脾氣都挺臭的，我有一次給一個黑臉大叔扎了五次都沒扎進去，沒辦法，一看見他那張臉啊，我就瑟瑟發抖。雖說給人打針輸液是我們的工作，

這些人的臉色就不能稍微和緩一點兒嗎，這樣我也就沒那麼緊張了。」

我調侃道：「那幸好我沒黑著一張臉，不然還得多挨幾針啊！」她也笑了：「還是小姐妳好，一看見妳笑，我就不緊張了。」

我倒不是刻意衝著她笑，而是習慣了見人就奉上一張笑臉，沒想到還起到了安撫人心的功效。我這個人的長相有點兒奇怪，不笑的時候看上去有點兒高冷，所以我一般逢人就笑，以展現我的親和力。不止一個朋友對我說，他們之所以選擇和我親近，就是覺得這姑娘笑起來沒心沒肺的，太可愛了。好朋友茶花總是說：「妳笑起來特別好看，不笑的時候就有兒點凶巴巴的，所以要多笑。」

我這麼愛笑，是受我爸的影響。我爸是我見過的最愛笑的人了，朋友們都說我愛笑，可他比我更愛笑。記憶中，兒時他每次帶我去趕集，見到認識不認識的，都衝著人家笑，同時還不忘提醒我對叔叔阿姨伯伯嬸嬸們一頓猛笑，一圈走下來，我笑得腮幫子都有點兒痛了，他老人家還是笑吟吟的，彷彿那笑容就長在了他的臉上。正因如此，我爸的人緣好得出奇，不管是他的同事、鄰居還是領導，幾乎沒有不說他好的，大家都愛跟他玩，說他好接觸，沒脾氣。

沒脾氣當然只是一種假像，我爸發起脾氣來堪稱地動山搖，匹夫一怒，也能令人害怕。不過他輕易不發脾氣，再加上他的笑臉太有欺騙性了，以致於大家都覺得這個人應該脾氣還不錯吧！

「伸手不打笑臉人」，這是民間很流行的一句俗話，對於滿面笑容的人，人們是很難產生惡感的。儘管如此，「笑臉人」在我們這方熱土上還是屬於稀缺品種。我有一個親戚去美國旅遊回來後最大的感觸就是，美國人都愛笑，街上的人一個個傻樂傻樂的，反觀我們這裡的人，大多苦大仇深，不信你去街上看看，很多人的表情就像有人欠了他錢沒還似的。

別說微笑了，就連臉色好看一點兒都很難做到。對大多數人來說，微笑和好臉色，都得節約著用，不到求人辦事的時候，一般是不會輕易奉上的。他們不僅自己終日板著一張臉，還特別看不慣那些整天笑嘻嘻的人，覺得他們嬉皮笑臉、沒個正形。我記得我剛去報社實習時，一個帶我的記者老師就不止一次地告誡我：「妳別老笑，看上去特別不嚴肅。」他倒是挺嚴肅的，嚴肅得讓人望而生畏。

嚴肅一點兒倒也罷了，最讓人受不了的是那種動不動就喜歡擺臉色給人看的人。胡適先生在《我的母親》一文中，結合母親的經歷說過一句名言：「我漸漸明白，世間最可厭惡的事，莫如一張生氣的臉；世間最下流的事，莫如把生氣的臉擺給旁人看。這比打罵更難受。」

胡適的父親早逝，他由母親一手撫養成人。在封建大家庭裡做主母是一件很不容易的事，胡適在文章中寫道：

大嫂是個最無能而又最不懂事的人，二嫂是個很能幹而氣量很窄小的人。她們常常鬧意見，只因為我母親的和氣榜樣，她們還不曾有公然相罵相打的事。她們鬧氣時，只是不說話，不答話，把臉放下來，叫人難看；二嫂生氣時，臉色變青，更是怕人。她們對我母親鬧氣時，也是如此。

我母親的氣量大，性子好，又因為做了後母後婆，她更事事留心，事事格外容忍。……我母親待人最仁慈，最溫和，從來沒有一句傷人情感的話。

母親是對胡適影響最大的人，胡適自己這樣評價：「如果我學得了一絲一毫的好脾氣，如果我學得了一點點待人接物的和氣，如果我能寬恕人，體諒人，我都得感謝我的慈母。」母親的言傳身教，使胡適懂得：己所不欲，勿施於人，儘量不給人看一張生氣的臉。

民國風流倜儻的美男子多矣，但我覺得最好看的就是胡適。陳丹青誇他「完全是學者相，完全是君子相」，確實如此。一群人合影，他可能不是最顯眼的，但絕對是看上去最舒服的。而且他越老越好看，就像一塊璞玉，因歲月的打磨而越發光彩照人。

相由心生，魯迅的那張臉一看就是別人欺負不了的，而胡適的臉，則是一看就知道是不會去欺負別人的。

這張臉總是帶著微笑，讓人見了頓生親近之感。季羨林回憶說，胡適最難能可貴的是待人親切和藹，見什麼人都是笑容滿面，對教授是這樣，對職員是這樣，對工友也是這樣。在我心目中，沒有人比他更當得起「謙謙君子，溫潤如玉」八個字了。孔子口中的君子，我們誰也沒有見過，可我想如果世上真有君子的話，那一定是胡適這個樣子的。

幾乎每個與胡適接觸過的人都有如沐春風的感覺，溫潤是他性格的底色。他對身邊的人大多溫情脈脈，抱有一種理解之同情。在梁實秋的印象中，胡適從不說別人的壞話，也不喜歡別人在他面前說其他人的壞話，他有一句名言，「來說是非者，即是是非人」。他哪怕對誰有意見，見面時還是滿面笑容，這是他為人的修養。

當然，我們普通人可能很難達到胡適這樣的境界，但是至少可以做到一點，那就是儘量不擺出一張臭臉給人看。出門在外，如果碰到的人都臉黑得像包公，那心情肯定都會低落幾分，尤其要注意的是，有些人習慣在外笑臉盈盈，回到家卻面沉如水，這也是非常不好的。孔子他老人家說過，連牛馬都知道奉養父母，所以物質上的回饋不算什麼，關鍵是「色難」，臉色好一點兒才是真正的孝順。我爸爸有這個毛病，因此我時常提醒自己，一定不要像他那樣。

沒有人不喜歡愛笑的人，古龍那句話早已被眾人熟知，「愛笑的女孩子，運氣總不會太差」。蒲松齡筆下的嬰寧，更是人見人愛。嬰寧堪稱文學史上最愛笑的姑娘，她見花笑，見人笑，坐立也笑，笑得痛快淋漓；她拈花帶笑，倚樹狂笑，縱聲朗笑，哧哧憨笑，笑得千姿百態，甚至在結婚時，她笑得不能彎腰，婚禮只得作罷，仿佛沒有什麼是不能惹她笑的。因為愛笑，她成了整部《聊齋志異》中最美的女子，永遠活在千萬讀者的心中。

所以，為什麼要吝惜自己的笑容呢？春風再美也比不上一張愛笑的臉，哪怕你一無所有，哪怕你窮困潦倒，你至少可以展示你的微笑。一張笑臉，就是對這世界最大的善意；和顏悅色，就是給這世界最好的溫柔。

30 所謂情商高，就是會誇人

若說2019年什麼最風靡，可能就要數誇誇群了。彷彿是在一夜之間，朋友圈總有人神神秘秘地說：「誰有誇誇群，拉我進群吧！」

起初，我是有些不以為然的，什麼誇誇群？不就是互相諂媚互相吹捧的群嗎，聽上去讓人起一身的雞皮疙瘩。像我這種耿直girl，最受不了的就是這些玩意了，還是敬而遠之的好。豈料接下來，不少玩過的朋友都向我熱情地推薦：「玩過誇誇群嗎？來玩玩吧，保證把你誇出一朵花來！」

我忍不住心動了，就加了進去。那個群已經有十來個人了，大部分是認識且熟悉的朋友，在接下來的半小時裡，我算是領教到了什麼叫「全方位地用華麗的辭藻瘋狂地誇獎吹捧」。我剛進群，群主就問我，你最想要哪方面的讚美？才華、長相還是別的？我毫不猶豫地選擇了長相，畢竟，作為一個從事寫作工作的人，才華橫溢之類的讚美我沒少聽，但是長相嘛，作為一個長得並不是無可挑剔的女人，相對來說聽到的讚美就沒那麼多啦！而哪個女人心中不想別人誇自己美呢？至少我就是這麼膚淺。

群主心領神會，發出了一道指令：「朋友們，接下來你們知道該怎麼誇慕容女神了吧？」

群主一聲令下，頓時應者如雲，隨之而來的是鋪天蓋地的誇獎：

「女神，作家中妳最美，美女中妳最有才！」

「麗壓徽因，才超冰心（一聽就是個民國控）！」

「知性中透著靈氣，靈氣中帶著嫵媚，嫵媚中含著聰慧，一身兼具熟女與蘿莉的美！」

「我一直以為女作家都是因為長得不行才去寫東西的，直到遇見妳！」

「女神，我根本不敢接近妳，只要靠近妳五十米之內，我覺得就無法抗拒妳的魅力了！」

「明明可以拼顏值，妳偏偏還要拼才華，小姐姐妳這樣叫別人怎麼活啊！」

……………

一席話說得我心花怒放。在此之前，我還真不知道，原來被一群人誇是這麼爽的一件事。用套話來形容，就好比吃了人參果，每個毛孔都覺得舒坦。群主朋友告訴我，她也差不多，剛進誇誇群那會兒，每次一被誇，就感覺走路都像走在了雲端，輕飄飄的找不到北了。

一開始我還比較矜持，後來我發現，大家都會撒嬌賣萌，變著花樣求誇：「失戀了，求誇。」、「學習壓力大，求誇。」、「脫髮厲害，求誇。」

厲害的是，不管是什麼樣的內容，都會收到來自大家令人眼花繚亂的讚美。在這個群裡，沒有槓精，沒有互噴，只有全方位、無死角的讚美和誇獎。自拍被誇，脫髮也被誇，發生在你身上的一切都可以誇。

誇誇群火到什麼程度呢？據說清華、北大這些頂尖學府都成立了好幾十個誇誇群，學霸們誇起人來更是舌燦蓮花。有一個大三的學生，曾經不小心把啤酒倒在了書包上，在誇誇群求誇，得到的誇讚讓她意想不到：「背上帶酒味的包去上課，你就是整條街最醉人的仔。」

這還不打緊，我聽說還有一種付費求誇的，花18元就可以購買5～10分鐘的「彩虹屁」誇獎服務，除了誇自己，還可以為親朋好友定製各種各樣的誇讚和祝福，包括生日、告白等。不過5分鐘的時間一到，誇讚也就隨之停止。此外，相對於某些高校的花式誇人，甚至吟詩作賦，只是有人反映說，這些付費得來的誇獎大多千篇一律，毫無新意。

對於誇誇群的興起，批判的人認為，這種東西火得快涼得也快，不過是一種「速食文化」的體現，短時間內可能可以帶來一些愉悅感，但是很快就會失去效果。因為你如果一天被誇十次，就好比糖吃多了，肯定也是會膩的，而且這種誇獎大多是泛泛而談，缺乏針對性，所謂誇人也誇不到點子上，當然久了就會令人產生審美疲勞。

我卻覺得，與誇誇群的正面影響相比，這麼一點點的負面作用幾乎可以忽略不計。在誇誇群興起之前，網上最流行的是槓精（其實至今仍流行）。在網絡的世界裡，槓精無處不在，不管是多正面、多普通、多簡單的一件事，他們都能找出「槓點」，他們無時無刻不在傳播負能量。比較起來，誇誇群就要正能量多了，你誇誇我，我誇誇你，無形中將戾氣化為祥和，不管是誇人的還是被誇的都皆大歡喜。

誇誇群這麼火不是沒道理的，因為我們每個人的心中都有被誇獎的欲望。以前有一部由劉震雲編劇的電影叫《求求你，表揚我》，可見表揚和肯定是多麼匱乏。是的，在我們這個文化中，誇人和被誇似乎都是一件難為情的事。我們那一代人，幾乎都是在被否定和被打壓的氛圍中長大的，上一輩的父母好像很少想過要誇獎孩子，他們信奉的是打罵出孝子，生怕一誇獎，孩子的尾巴就會翹上天。

就拿我來說吧，我就是在這種環境中長大的。我讀書的時候成績還算出色，在學校總是名列前茅，可我真的很少受到來自老師和父母的表揚。成績好的時候，他們覺得理所當然，成績稍有滑坡，輕則疾言厲色罵一頓，重則皮開肉綻打一頓。在孩子的成長過程中，他們不習慣給予正面的肯定，而是習慣給予負面的批評，並美其名曰鞭策。在這種環境下長大的孩子，往往自信心不足，總覺得自己做得不夠好，至少沒有好到能讓人表揚的程度。我就是這樣，偶爾有個人誇獎我一下，我就會渾身不自在，總覺得自己配不上對方所說的溢美之詞。

更可怕的是，這種思維模式是會一代代傳遞下去的，在批評和打擊中長大的小孩，成年後會既不習慣被誇，也不喜歡誇人，甚至會變得挑剔、負面，在和人交往時，眼裡只看得到對方的缺點，一不留神，就會變成傳說中的「槓精」。說他們是槓精，他們的心裡也很委屈，因為他們的初衷並不是抬槓，而是因為早就習慣了在雞蛋裡面挑骨頭的思考方式。他們一說起話來就習慣懟人，在一個互懟成癮的體系裡，要想互誇是很難的。

這種背景下，才越發顯得誇誇群的可貴，它讓誇和被誇都變得理所當然。要說誇誇群的不足，可能是多了些套路，少了些真誠，尤其是如果全部是一群陌生人的話，誇著誇著就會變成尬聊。還有那種不論在什麼情況下都無條件誇獎也令人尷尬，畢竟我們渴望的並不是隨便做了什麼都有人誇，而是當我們確實做得很好時，會有人發自內心地誇一句「Good job」。

會誇人真的是一項了不起的技能，能夠學到這項技能的人都情商超高。我中學時有一個女同學就是如此，她特別善於誇人，班上每個同學幾乎都收到過她的讚美。她的厲害之處在於誇起人來特別真誠，而且特別能誇到點子上。成績好的她就誇你聰明，不好看的她就誇你氣質好，有一個男生長得又黑又瘦，成績也一塌糊塗，結果她硬是從他身上找出了一個優點，誇他衛生搞得好，玻璃擦得特別乾淨，說得那個男生自信滿滿從此更加熱衷於將教室打掃得窗明几淨，在一個學期後他居然當上了班裡的勞動委員。對誇他的那個女生，他自然引為生平唯一的知己，鞍前馬後地為她服務了好幾年。

在會誇人的人眼裡，每個人都有他獨一無二的閃光點，他們所要做的，就是找出這個閃光點，針對這一閃光點進行讚美。這真是一件功德無量的事，因為大部分人自信心不足，甚至不知道自己有沒有閃光點，或者閃光點到底是什麼。這時候有個人能夠幫他指出來，那種感覺有如獲得了新生。一句真誠的讚美，有時抵得過千言萬語，讓你感覺以前受過的那些詆毀和批評都是浮雲。

我覺得我們每個人都需要一個誇誇群，人數不用太多，三五個就行，最好都是知心好友，大家都知根知底，這樣誇起人來才有的放矢。有了這樣一個誇誇群，就相當於有了一個充電站，每當在外面的世界受到委屈時，我們就可以暫時進去充個電，然後就能滿血復活了。等到有一天，我們誇起人來就像呼吸那麼自然，被誇的人也一點兒不覺得尷尬，生活應該就會變得美好多了。人生實苦，而誇獎和讚美就像一顆糖，足以讓你暫時忘記大部分的苦。所以，我們在享受甘甜的同時，也別忘了做一個主動發糖的人哦。

原則你擁有一張
不好欺負的臉

31 與人為善，是父母教給我最重要的事

自從有了小孫子後，媽媽常常對我感歎，現在的娃真是太費錢了啊，弟媳奉行在自己力所能及的範圍內給娃最好的生活的宗旨，從尿不濕到奶瓶都是特意去日本買回來的，僅奶瓶就買了十個，說要換著用，小小的一瓶嬰兒護臀霜居然要兩三百元人民幣，這不是燒錢是什麼？

對比起來，我和我弟完全是被窮養大的。我家是那種典型的單職工家庭，在農村叫「半邊戶」。爸爸是小學老師，後來做了校長，媽媽在家主持家務。他們經常週一到週五住在學校，週末回到家挽起袖子就下地幹活。按理說這種家庭應該也不至於太窮，但不知道為什麼，我們家就是很窮，比很多父母都是農民的家庭還窮，尤其是在我小時候。可能是爺爺去世太早，媽媽嫁過來時，家裡過得一窮二白，以致於經常要去外婆家拿油、拿米。

幼時的我印象最深的一件事，就是我們去外婆家總是會提一個空籃子，回來的時候籃子總是裝得滿滿的。讀小學時我還穿過打補丁的褲子，有一次很饞小賣部的話梅，要三角錢，我拼命攢啊攢，攢了一堆分幣，興沖沖地跑進小賣部去一數，還差兩分，老闆娘可能

見我可憐，說兩分錢就算了。

家裡窮成這樣，自然是沒辦法在物質上富養孩子了，實際上連精心養育都很難做到，畢竟有那麼多農活要忙。

因此我媽經常念叨：「以前家裡真是太窮了，真是苦了你們了。」我卻總是搖搖頭，告訴她我小時候挺開心的。這並不是假話，儘管童年時期物質生活特別貧乏，但好在爸媽樂觀開朗，用他們的一言一行教會了我很多做人的道理，其中最重要的一點就是與人為善。

我爸爸是那種朋友特別多的人，男女老少都和他合得來。對這一點我是很羨慕的，我還曾經虛心向他請教其中的訣竅。爸爸想了想，告訴我說：要想朋友多，無非不計較得失，對人好。

爸爸少孤，他十幾歲的時候爺爺就去世了，他是長子，自然而然挑起了一家人的重擔，得照顧幾個幼小的弟弟妹妹。即便如此，他待朋友還是非常慷慨。在我的印象中，我們家的飯桌上幾乎每頓飯都有不同的叔叔伯伯，他們都是我爸的好朋友。現在大家都富了，多一個人吃飯不過是添雙筷子的事，可在以前那種相對拮据的年代裡，能夠長年累月招待朋友的人那是真的慷慨大方。在飯桌上，爸爸總是招呼他的朋友吃肉喝酒，自己卻只吃一點兒辣椒下飯，沒辦法，家裡條件有限，酒肉都得先讓給客人們吃。

朋友間總免不了打打牌、聚聚會，這樣的場合大家最喜歡叫上我爸，因為他牌品好，寧肯自己輸，只要朋友們開心就行。我媽有時看不過去，說什麼狐朋狗友啊，都拿你當冤大頭呢，爸爸卻正色地告訴她：「人家看得起你才會叫你去打牌，都是朋友，輸點兒錢算什麼。」

不僅如此，他還常常扮演「及時雨」的角色，只要朋友有困難開口向他借錢，他幾乎沒有不借的。但作為一個窮得叮噹響的民辦教師（後來終於轉正了），在錢的方面他往往自顧不暇。儘管如此，他甚至會為了朋友貸款去當地信用社做擔保，為此我媽經常擔驚受怕，生怕信用社找他的麻煩。

爸爸還特別愛幫忙。他長期擔任小學校長一職，在我們鎮上也算是有點兒人脈，誰家娃要插個班、誰家有人生病了要掛個專家號什麼的都愛找他幫忙。在他的朋友圈，甚至流傳著一句話：「有事找校長。」有些忙看起來雖然是舉手之勞，但其實可以看出一個人內心的體貼。上次在老家時，我們正在吃飯，一個鄰居捂著流血的手指頭跑進來，討要一張創可貼。我爸趕忙上樓去拿。不一會兒，他拿了兩張創可貼出來，其中一張馬上給鄰居包紮好手指，另一張讓她拿回去留著替換。

第二天他自己的手指在幹活時不小心被割傷了，卻沒辦法包紮，因為家裡僅有的兩張創可貼昨晚已經都給鄰居了。

從這件小事上，我不禁深深感歎老爸在做人方面真是勝我多矣。如果是我的話，我可能只會給一張創可貼，不會想到要多給一張讓人家替換。

我媽呢，本來是一個有些計較的人，可能是跟我爸在一起生活得久了，耳濡目染之下，也變得越來越替他人著想。有一次，我媽去隔壁一位嬸嬸家借東西，結果東西沒借到，反被看門的狗咬了一口。她的第一反應是不要聲張，她只告訴了我奶奶，然後自己一個人跑到鎮上去打狂犬疫苗。後來那個嬸嬸知道了這事，上門來給她送打疫苗的錢，我媽非不要，理由是那家人的經濟條件不太好，她不忍心讓人家破費。

在我的孩子一歲時，我媽已經致力於讓他發揚這種與人為善的家風，總是鼓勵他把自己的玩具和零食讓給其他小朋友。在她的培養下，我的孩子一見小朋友就往人家手裡塞好吃的、好玩的，我也誇他是個「博愛和諧」的好娃娃。我們生活的中山在對外宣傳時一直自詡是博愛之城，我媽說：「不愧是孫中山的故鄉養出來的小孩啊，這麼小就具備中山精神了。」

「和朋友出去吃飯一定要搶著買單。」

「別人找你幫忙時能幫的就儘量幫，幫幫人又不會少一塊肉。」

「不管世道如何，一定要堅持做一個好人。」

「朋友有了困難，能幫多少就幫多少，錦上添花太容易，雪中送炭最可貴。」

……

這些話他們說得不多，但我一句句都記在了心上。父母對我的教育，基本上是那種潤物細無聲的潛移默化，他們從來不會將自己的人生觀、價值觀強加在我頭上，也不會一本正經地指點我：ㄚ頭啊，這個你該如何如何。當了三十年小學校長的老爸尤其深知以身作則的教育原理。

其實對於與人為善的這一套原則，我曾經深深地質疑過，覺得不就是濫好人嗎？何況我爸為了所謂的義氣，確實曾被人坑過。他有一個朋友和他一起合夥開過養豬場，托他去信用社做擔保貸款，他本著對此人的充分信任答應了，可沒想到那人原來是個賭鬼，欠了一屁股的賭債，自然還不起貸款，這下可苦了我爸，他作為擔保人，只得東挪西借，去償還那筆在當時來講稱得上鉅款的債務。經過這樣的事後，他是不是就此喪失了對朋友的信任呢？答案是並沒有。他仍然像以前一樣熱心待人，仗義疏財，只是在我媽的嚴格監督之下，再也不敢輕易給人家的貸款做擔保了。

等到我年歲漸長，在爸爸媽媽的身上，終於領悟到好人有好報的古話並沒有錯，古人誠不我欺。在這個惡人橫行的世界裡，如果要堅持做個好人當然是要付出些代價的，就像我爸那樣，難免會吃些虧，上些當，但歸根結底，他得到的友情和溫暖還是遠遠多於欺騙和狡詐的。以十二分的真心待人，至少能收穫十分的真心；以十二分的善意待人，至少能收穫十分的善意。這樣的人生，當然不會太差。我爸媽這輩子沒升過官、沒發過財，可幸福感還是挺高的，因為他們活得坦然，活得大氣，周圍的親朋好友對他們的認可度也特別高。

在我媽生我的時候，家裡真的很窮。物質上的貧乏確實是一種缺陷，但良好的教養有時和物質沒多大關係。一對父母是否能夠把孩子培養成才，很多時候並不取決於物質，而是取決於愛與觀念。所以說，真正的教育拼的就是爹，但不是爹的錢。對孩子來說，身教遠遠勝過言傳。與其瘋狂追逐學區房，不如把自己打造成孩子的好榜樣。

我的父母可能也沒想到，他們平常向我灌輸的一萬句教育聖經我都沒聽進去，反而是他們生活上的言行舉止給了我莫大的影響。他們雖然沒什麼錢，卻教會了我如何去做一個善良的人。他們當然不是完美的父母，有著大大小小的缺點，所幸他們送給我的這件禮物，已足夠讓我受益終身。原來所謂的血脈相承，並不僅僅指血緣關係，更是指相處數十年之久的那個人，完全融入了下一代的生命之中。我的生命正是由於有了父母的印記，才更加深邃而寬廣。

我曾經也對父母有過諸多不滿，近年來才重新看到了他們身上的優點。如果能夠完全學到他們身上的閃光點，按理說我應該是一個人格很完善的人。現在的我之所以還渾身毛病，多半還是因為自己學得不夠好。我現在也是做媽媽的人了，同樣沒什麼錢，但我希望自己能把父母教給我的東西，再教給我的孩子。這樣的話，他未來也許不一定成功，但至少會比較快樂。

32 你在網上的樣子，暴露了你的修養

有一陣我關注了一個新興的網紅，風格有點兒像大火的李子柒。她住在一個與世隔絕的寨子裡，每天分享一些山居生活：春天到茶園摘茶葉，上山採金銀花製作花茶；夏天自己種西瓜，等瓜成熟後就放在井水裡冰著，想吃的時候就撈一個出來切了；秋天去果園裡摘橘子，吃不完的做成橘子罐頭；冬天……冬天還沒到，她就停止更新了。

作為一個勢頭正在上升的網紅，怎麼會停更呢？可能是因為隨著她的走紅，負面的聲音也越來越多。有人質疑她根本就不會幹農活，那些種植收割的姿勢一看就是擺拍的；還有人吐槽她不知民間疾苦，就知道為自己吸引流量，完全沒有考慮幫果農賣橘子；還有人看她長得漂亮，於是滿口污言穢語，近乎口頭上的性騷擾……

這姑娘本來一直生活在寨子裡，是在無意中走紅的，哪裡見過這樣的陣仗？一開始她還在批評她的話下面弱弱地解釋著，卻發現根本就沒人聽她的解釋。那些犀利的評價明顯超出了她的理解範圍和承受能力，後來她就索性停更了。

我和她在私下有過聯繫，於是問她為什麼不更新了。她回覆了我一句話：「我沒有得罪

過任何人，也沒有針對過任何人，那些罵我的人根本就不認識我，更不瞭解我，他們為何這樣對我？」

我沒法回答她的問題，只能告訴她，這個問題也曾經深深地困擾過我。想當年，我在網上也是紅過的，當然紅的程度遠遜於這位姑娘。大概是在２０１４年，我開始在豆瓣密集地發文，最開始是因為我給豆瓣上的「這麼」寫了篇書評，偶然間發現，原來這裡還可以寫日記（原諒我吧，太白癡了），於是就信手發了幾篇。意想不到的是，這些內容一下子就上了首頁，每天都有許多人嗷嗷待哺地守在豆瓣上，說是為了等待看我的新文。於是，我似乎在一夜之間變得很火了，成了傳說中的豆瓣紅人。最高峰時一個月之內粉絲就增加到一萬，竟然有人給我發豆郵，說想讓我幫忙發小廣告，關鍵在於還會給錢（為了堅守自己的原則，我沒有發）！編輯們也一個個地出現了，向我約稿。暈頭轉向之下，我還真以為自己紅了。

豆瓣是一個相對小眾的網站，並不像天涯論壇、新浪微博那樣有非常大的流量，所以這種所謂的紅，只是在一個很小的圈子內，也就是說根本沒有紅出圈。我是從天涯轉戰豆瓣的，身上那種天涯論壇的氣質很重，寫起文章來嬉笑怒罵，和豆瓣當時流行的小清新風氣並不一致。可能正因如此，豆瓣上看不慣我的大有人在。我每發一篇文章，總會有一些人在那酸酸地說，寫得也不怎麼樣嘛，憑什麼就能上首頁呢？

對於這種酸言酸語，我一開始只是抱著一笑置之的態度，直到我寫了一篇叫《女文青有毒》的影評，這下就是無意中捅了馬蜂窩，一群以女文青自居的人立馬跳出來罵我，什麼難聽的話都有，有人甚至直接問候我的祖宗十八代。當時的我簡直一臉蒙，因為那就是一篇調侃的文章，完全沒有嘲諷女文青的意思，如果有，那也只能算自黑，畢竟我自己就是一枚如假包換的女文青，我為什麼要去攻擊自己以及自己的同類呢？

可我的這些解釋根本就沒人願意聽，我越解釋，那些罵我的人就越來勁。我簡直懷疑，這些人的小學語文是不是從來都沒有及格過，不然的話，為什麼她們連最基本的閱讀理解能力都沒有呢？

看到解釋不通，我只得把評論關了，這下有些人更加火大了，因為再也不能暢快地罵我了，於是她們發洩憤怒的方式變成了跑到我的每一篇文章的評論區去痛罵，火氣最大的那些人，還特意註冊了小號去微博上罵我。

我的心態，則是從懵懂到憤怒再到無語。我真是不明白，這些人跟我到底是有多大仇多大怨，搞得一個個好像和我不共戴天似的。事實上，我招誰惹誰了？我根本就沒有傷害過任何人啊！那一陣我真覺得自己比竇娥還要冤，人在家裡坐，禍從天上來，只不過是鬧

原則你擁有一張不好欺負的臉

著玩寫點兒文章，居然要被人罵到這種程度。

迷茫中，我曾經發豆郵給當時的豆瓣第一紅人張佳瑋求助，說想不通為何會如此。張公子真是很有風度，百忙之中回郵件寬慰我說：「豆瓣嘲諷謾罵的措辭，也不比別處更厲害。說到底，寬以律己、嚴以待人，又有閱讀障礙和受迫害妄想症的人，哪個社區都有，有機會就會跳出來嚷嚷兩句，習慣就好啦！像你寫那樣臧否品評的文章，當然難免會有人覺得『一千個人有一千個哈姆雷特，你說的不是我心中的那個，所以我要對付你』，於是跳將出來。」

這件事至今回想起來還讓我心有餘悸，初次領略到了在網上被一群陌生人攻擊是多麼可怕。敵在暗，我在明，只能眼睜睜地淪為眾矢之的。後遺症是我對在網上寫作這件事忽然之間喪失了興趣，不知道該寫什麼，也不知道該怎麼寫。我擔心無論寫什麼、怎麼寫都會挨罵，想起來可能只有去歌頌一下美麗的田園風光了，這樣挨罵的風險最小。

可這個網紅姑娘被攻擊的事又一次刷新了我的認知，原來即使只是歌頌一下美麗的田園風光，也免不了被罵啊！原來被罵就是一種宿命，只要你在網上還有一點兒人氣，只要你在表達自己對生活的觀點，那你就逃脫不了這種宿命。就跟這個姑娘一樣，她走的路線已經夠人畜無害了，可還是難以避免被人罵成「歲月靜好婊」。在有些人的眼裡，所有自己看不慣的人都可以加上「婊」字作為後綴，什麼「綠茶婊」、「女權婊」、「漢子婊」，簡直到了「無人不婊」的地步。

你以為他們只是看不慣你，不是的，事實上他們看不慣所有人。我們在哪都可以看到這類人的身影，她們熱衷於挑刺，熱衷於抬槓，熱衷於無差別攻擊。後來我發現了，在日常生活中越慫的人，在網上就越牙尖嘴利。現實中他們受了氣只能畏畏縮縮地忘掉，但在網上卻任性肆意起來，想罵誰就罵誰，想罵多狠就罵多狠，借此來發洩自己在現實世界中積攢的一腔怨氣。他們這樣做無非仗著網上誰也不認識誰，不管怎麼攻擊人都無須承擔任何代價。

很多人在現實中和網絡上的表現完全是割裂的，現實中為了公序良俗他們可能不得不偽裝一下，可到了網上就無所顧忌地卸下了偽裝。在互聯網時代，看一個人最好是看他在網上的表現，一個人對待陌生網友的態度，最能暴露他的本質和修養。真正有素質的人，是不會隨便在網上攻擊他人的，只有那些毫無修養的人，才會見誰都撕。這種逮誰咬誰、隨便噴人的樣子真的好醜。

他們在攻擊人的時候完全沒有考慮到，對方並不是一個冷冰冰的網絡ID，而是一個真實的、有血有肉的人，會生氣、會傷心、會疼痛，他們那些不假思索就說出口的話，給對方造成的是實打實的傷害。正是因為噴子太多了，網絡世界才變得比現實世界更加戾氣橫生。

古人一直有「君子慎獨」的說法，指的是在無人監督時最能體現一個人的品行。網絡時代，或許我們最需要修煉的就是慎獨的功夫，越是在隱蔽的、沒有熟人看得到的地方，就越是要嚴格要求自己的一言一行。在網上喜歡攻擊他人的人，缺少的恰恰是慎獨的能力。真是奇怪，大多數人在生活中力求做一個好人，卻在網上暴露了猙獰的一面，不憚做一個天怒人怨的壞人，難道這是因為人性本惡嗎？

在我看來，網絡文明守則至少應該包括兩條：一、不要做噴子；二、遠離噴子。依照我個人的經驗，如果你不幸遇到了噴子，一是不要解釋，二是不要爭論，你永遠都說服不了一個事先就對你有偏見的人，就像你永遠都叫不醒一個裝睡的人。所以，為什麼要浪費口水呢？省點兒精力和自己喜歡的人說說話多好。

最重要的是，不要動氣。噴子們就是想把你氣得七竅生煙，你一動氣，就是正中了他們的下懷。下次遇到這種莫名其妙的攻擊，趕緊拉黑了事，然後正常過自己的生活。或者像我這樣，把爭論的力氣省下來，寫一篇文章掙點兒散碎銀子，這不也挺好的嗎？

33 願有一個人，可以治癒你所有的傷

（1）

我遇到過一個秀恩愛秀得喪心病狂的案例，簡直讓單身人士受到了一萬點的傷害。我看了之後深受感動，一時手滑轉發到了同學群裡。

女同學甲馬上跳出來說：「瞎編的吧？怎麼可能有這麼好的男人。」

女同學乙連忙附和：「就是，現在的公眾號寫手，為了吸引關注度什麼都敢瞎編。」

女同學丙：「這麼暖心的男人，怕是只有去言情小說裡面找了。」

女同學丁：「要按這個標準去找，估計一輩子都嫁不出去了。」

我暗自詫異，這些女同學，除卻個別失婚的，大多是結了婚的，莫非她們嫁的老公，和我嫁的完全不是同一種生物？

在我看來，秀恩愛的故事中的那些描寫，儘管誇張，卻並不離奇，因為男主角為女主角做的那些傻事，某位同學也沒少幹。

我很想辯駁說：這樣的男人真的有啊，就在本群，還和你們在一個班讀過書呢……

想了想，我還是選擇默默地把這句話憋了回去。

可以想像，如果我不幸沒有憋住，姐妹們閃著小火花的唇槍舌劍，就會一支支嗖嗖地射過來，標的物不再是秀恩愛的人，而是我了。

（2）

作為一個愛胡編亂造言情小故事的小寫手，很多朋友愛問我，慕容同學，妳寫過那麼多故事，怎麼就從來不寫寫自己的愛情故事呢？莫非……

莫非之後跟著一串省略號，潛臺詞是各種遇人不淑、各種婚姻不幸、各種無惡意的揣測，真令人驚歎，我們中華文化，真是博大精深！

我暗自打了個冷戰，心想寫就寫吧，誰怕誰呀！

可我決心才下，擺在我面前的就是一道難題：我該如何稱呼某位同學呢？

叫他L君吧，太文縐縐，不符合我一貫鋒芒畢露的風格，何況喬一早就捷足先登，用F君來稱呼她的心上人，令後來者難以為繼；

叫他李同學吧，太過質樸無華，何況李是天下第一大姓，大街上叫一聲李同學，一百個人中怕是有十個人回過頭來，辨識度太差了點兒；

至於他的本名，那叫一個偉光正，和言情小說中的男主角身份完全不搭，這裡就不透露了，大家可以按照建國、國柱、和平一類的路數去想像。

可見言情小說不是人人都能寫的，光是一個名字，已經難倒了無數人。

後來有一次，我們一起去南方旅行，路過蘇州時和網友蟲子線下見了面。天涯論壇火的那會兒，蟲子是其中一個版塊「仗劍天涯」的版主，我在這個版塊連載過讀金庸的帖子，混著混著就熟了。

這小子幾乎熟讀過我寫的所有東西，也沒拿自己當外人，一見面不等我介紹，就打趣說：「喲，這位是家明吧？」

我含含糊糊地點了點頭，某人完全摸不著頭腦，還問我：「家明是誰啊？」

家明是誰？

讀過亦舒小說的都知道有這麼一號人，家世清白，性格純良，永遠的後備男二，女主落魄的時候有他陪伴，女主傷心的時候有他安慰。

身為師太的腦殘粉，我很為家明感到不平，索性將他的名字拿為己用，用作我小說中的男主角。

蟲子肯定就是看了那本小說，才叫某人「家明」的。

這真是所謂的「踏破鐵鞋無覓處，得來全不費工夫」。

家明，可不就是最適合他的名字嗎？簡簡單單的兩個字，親切、溫馨，讓人想起鄰家哥哥，一如他給人的感覺。

他就是我的家明，我落魄的時候有他陪伴，傷心的時候有他安慰。只不過，他是我的第一男主，不是後備男二。

（3）

我一直不知道該用什麼詞來形容家明同學，直到「暖男」兩個字橫空出世，才發現原來眼前的這個人就是傳說中的暖男。

我們認識超過十五年，相戀超過十年，想到和他有關的事，沒什麼驚天動地的，都是一些很溫暖的小事。

我不會開車，練車時老被教練罵，有一次教練一個不注意，我直接把車開到牆上去了，還好沒油門，不然會釀成重大事故。

我面色如土地給他打電話，說：「我再也不想練車了。」

他說：「不想練就別練了，反正有我做你的司機。」

從那以後，他就成了我的專職司機，隨叫隨到的那種。

他的工作時間較為機動，我的工作經常需要出門採訪，他常常把我送到目的地後，過一陣再來接我。有時他擔心我辦完事要等，就乾脆哪兒也不去，坐在車上等我。

有一次開會足足開了三四小時，一走出會議廳的門，我就看見他的車還停在那裡，車裡的人卻因為久等無聊，已經睡著了。

我有點兒內疚，推醒他說：「下次如果開這麼久的會，你一個人先走好了，我打車回去。」

他笑笑說：「沒什麼，這個地方特別難打車，打不到車妳又得急。」

久而久之，同行的姐妹們都知道我有這麼一位司機，一位同行遇到了他好幾次，終於忍不住問我：「他是不是經常這樣送妳過來，陪著妳辦事情啊？」

我老老實實地說：「是啊，怎麼了？」

她感歎道：「妳啊，真是身在福中不知福啊！」

那時我才知道，並不是每個男人，都有耐心數年如一日地接送愛人，從不抱怨，也從不懈怠。我原本天真地以為，那是理所當然的事。

（4）

網上曾經有一個帖子很火，主題是「有沒有那樣一個人，你隨時隨地給他打電話，他都會跑過來接你」。

我很欣慰，他就是屬於我的這樣一個人。

有一次我去深圳和同學聚會，玩得不亦樂乎，以致於忘記在網上訂票了。準備回來時我跑到高鐵站一問，當天沒有到廣州的票，只能先坐到虎門。

我傻眼了，打電話問他怎麼辦。

他想也沒想就說：「那妳坐高鐵到虎門，我開車到虎門去接妳。」

深圳到虎門的高鐵只需要半小時左右，我出了站，發現他已經到了，說不感動是假的，但沒想到我脫口而出的第一句話居然是：「你開這麼快，沒收罰單吧？」

我愛熱鬧，喜歡出去和朋友瘋玩；他性子安靜，每次送我到了朋友那兒，我就對他說：「你可以走了，等結束了來接我就行。」

朋友笑我說：「原來真愛就是有那麼一個人，願意為了妳招之即來，揮之即去啊！」

我是路癡，方向感極差，有一次讓他來接我，說了半天也沒說清楚自己所在的位置，心裡一急，就跟他說：「你快兒點來，我正好就在月亮底下。」

他在電話那頭嘿嘿一笑，說：「我也正好在月亮底下呢！」

梁實秋說：「你走，我不送你；你來，無論多大風多大雨，我都要去接你。」

他是一個不太熱愛文藝的男人，這樣的情話，他說不出來，這樣的承諾，他卻全部做到了。

（5）

知乎上有一個熱門問答：「有一個會做飯的男友是一種怎樣的體驗？」

作為一個資深吃貨，我覺得自己最有資格來回答這個問題。

剛戀愛的時候，我們住在窮鄉僻壤，連下館子的地方都沒有，只好自己動手做飯。在經歷了飯燒焦了、菜炒糊了等一系列慘劇後（肇事者當然是我），做飯的重任就徹底落到了家明同學一個人身上。

他做的剁椒蒸魚很好吃。魚要買新鮮現殺的大頭魚，一整條買回來，簡單處理後放一層密密的剁椒上鍋蒸，熟了之後再燒熱油澆上去，那鮮辣，無與倫比。我每次都能吃掉一整條魚。

他做的啤酒鴨很好吃，鴨子切得極碎，加薑絲、蒜片、乾紅辣椒爆炒至五成熟，倒上大半瓶啤酒燜熟，秘訣是不加水，才能沒有土腥味。買鴨子他總是要有頭的那一邊，因為鴨頭是我的最愛。

他會做的菜還有酸辣雞雜、孜然牛肉、水煮肉片……

等等，我突然發現，他最擅長的拿手菜，都是我最愛吃的。或者是因為我愛吃，所以他做得多了，才會越來越拿手？

我喜滋滋地告訴他這一重大發現，宣稱「沒準我就培養出了一代名廚」。

他笑笑問我：「能告訴我妳擅長做什麼菜嗎？」

我慚愧地搖了搖頭。

他說：「沒事，妳擅長吃嘛！看妳吃得那麼歡快，我做菜才能做得開心。」

這廝，真不是諷刺我嗎？怎麼我不僅沒生氣，還有點兒小感動呢？

（6）

說到吃，我想起來兩件小事。

我是一個吃貨，特別愛吃各種零嘴。我們剛在一起時，我每次去他那兒，他總會去超市買上一大袋零食，放在櫥櫃裡等我去了一起吃。那超市離他住的地方挺遠的，沒有車直達，得走好幾千米的路。

有一次我走得急，他買的零食還沒來得及吃就回去了，我臨走時開玩笑地囑咐他：「櫃子裡的零食都不許動，等我來了再吃。」

過了兩周再去，我打開櫃子一看，裡面居然還是滿滿當當的，什麼愛辣雞爪、勁仔小魚，一點兒都沒動，有一包話梅被我拆過封，只剩幾顆了，就連這他也沒捨得吃，拿一個夾子夾住了開口，保管得妥妥當當的。

我問他：「你就不饞嗎？」

他說：「想著要留給妳吃，就不饞了。」

這就是書上所說的秀色可餐吧！我這麼想著，不敢說出口，怕他笑我酸。

在吃的方面，我經常突發奇想，想吃什麼，半夜都能從床上爬起來去買，遇見他以後，就變成了讓他去買。

像半夜突發奇想讓他給我去買雙皮奶這樣的事情，我也幹過。

那時他還沒買車，見我躺在沙發上邊咽口水邊懷想雙皮奶的美味，二話沒說拿著鑰匙就出了門。要知道，我喜歡吃的賣雙皮奶的那家店，叫「老鳳城」，從住的地方過去，得轉兩趟車。他那時還是個窮學生，沒特殊情況是捨不得打車的。

那一碗雙皮奶的滋味，至今我還記得，真甜啊，還冒著熱氣。

我回想起來有點兒汗顏，問他會不會覺得深夜去買雙皮奶這樣的要求太無理了。

他一臉茫然地回答，不會啊！

也許，愛一個人就是這樣，你對他提的所有無理要求，到他那裡全成了合情合理，只因為他心甘情願。

（7）

我們曾經有過兩次漫長的異地戀經歷。

前一次，我在長沙讀研，他在家鄉工作；後一次，我畢業到廣東工作，他還在長沙沒過來。

來廣東之前，我臨行的時候，他叮囑又叮囑，吩咐又吩咐，從晚上一定要鎖好門說到炒蛋炒飯時要先放蛋後放飯。我只是將頭扭過去，強忍住眼中的淚水。

一個人住在空蕩蕩的房子裡，我告訴自己要堅強，好好學習，努力生活。我好像也做到了，雖然心裡有點兒空，但日子還是一天天這樣過下去。

直到有一天深夜，沒有吃晚飯的我被肚子的叫聲喚醒，還沒開燈，我習慣性地伸手推他：「我好餓，起來給我煮麵吃。」

我這才發現，原來最親愛的人不在身邊。我想起來，也是這樣一個寒冷的夜晚，他穿著單薄的衣服起床給我煮泡麵，端著熱氣騰騰的泡麵，他卻冷得直哆嗦。

我打開手機，時間顯示已是淩晨兩點半，我在黑暗中哭得像個小孩，僅僅是因為懷念一碗裝滿了愛的泡麵。

（8）

我寫過一個故事叫《追隨他的腳步》，裡面那個癡情的女孩子為了追隨意中人的腳步，從美國一直流離到深圳，但最終還是求而不得。

我和他的故事正好相反，是他在追隨我的腳步。我性格不安分，愛折騰，從家鄉到長沙，從長沙再到廣東，讀書、考研、工作，一直折騰個沒完。

他呢，本來是一個很安穩的人，可從來不反對我折騰，還積極地用行動配合著我的各種折騰。他說：「愛一個人不是卸下她的翅膀，而是陪她一起飛。」

原本我們兩個人都在家裡教書，我先考上了研究生，他想著，分隔兩地不是個事兒，於是也決定考研。

那真是一段很窮的日子，可我們廝守在一起，居然也過得樂哈哈的。我們租了一間小小的民房住下，小屋裡放了一張床和一張書桌後只剩下小小的空間，他說：「不要緊，剛好夠我們站起來擁抱。」

這個城市太喧囂，天空是一成不變的烏雲密佈，有擁擠的公交車和吵吵鬧鬧的居民。這個城市不屬於他，也不屬於我。

但我們還是很努力地在這裡生活下去。他每天去圖書館，埋頭在恍若天書的考研資料之中。而我為了兩個人的生活，在外面兼職上課。

學校很遠，要坐快一小時的車才能到。清晨起床時他總是要我多睡一會兒，然後用並不強壯的手臂緊緊地摟著我。那幾分鐘的擁抱讓我即使在微雪的冬天等車時，心裡仍殘留著些許暖意。

我記得那時湖大外面的墮落街還沒有拆，那裡有最好吃的鐵板魷魚、最平價的牛肉火鍋和最地道的刀削麵。我們最常吃的就是刀削麵，小碗三塊，大碗四塊，兩個人埋頭痛吃，將麵湯也喝得乾乾淨淨。我總是感歎，等哪天有錢了，刀削麵一叫就是兩碗，吃一碗，倒一碗。

墮落街有一個紅蘋果飯店，乾鍋肥腸僅需十六元一份，每次過生日的時候，我們最愛去這家店打牙祭。還有一家物美價廉的電影院，十元錢可以買六張票，足夠兩個人看三場電影。我們和隔壁的一對小情侶相伴去看過世界盃，兩個男孩子都喜歡阿根廷，結果那一年阿根廷輸了，我們走在墮落街上，宛如喪家之犬。

後來這些細節都被我寫進了《那個陪你一起吃苦的姑娘，怎麼沒能陪你到最後》這個故事中。

幸運的是，那個陪我一起吃苦的男孩，從未鬆開我的手。他很快考上了研究生，日子慢慢變得越來越好。我們也很少吵架，並沒有成為故事中的那對怨侶。

（9）

我和家明是中學同學，可讀書那會兒，都各自有喜歡的人，並沒有成為學生情侶。

學生時代的他，稱得上風流倜儻，臉上總是掛著笑容，對誰都一臉溫煦。

這樣的做派，收穫了不少少女的芳心。若干年後同學聚會，大家玩起了真心話的遊戲，說起當年暗戀過誰，又錯過了誰，我暗暗盤算了一下，家明同學赫然排在被暗戀的男生前三。就連眾星捧月的班花，也坦言曾經喜歡過他。

別說，班花當年和此人還一度走得很近，鬧過緋聞呢！

「後來怎麼不喜歡了呢？」我問她。

「還不是見他對哪個女生都挺好的，覺得這人肯定就是個花花公子。」班花說。

某人一臉無辜：「我哪有！」

班花振振有詞地說：「明明有，我看你那時特別輕浮，見了誰都想調戲一把的樣子。」

家明同學自覺比竇娥還冤，私底下向我解釋說，那是因為班上男少女多，他不忍心冷落任何一個，所以對哪個女生都比較友好，誰知道竟成了風流罪證。

「我真的長著一張見誰都想調戲的臉嗎？」他問我。

「就是。我當年就是被你這張臉騙了。」我仰天長歎，做痛心疾首狀，「原本以為你是一個風流公子，結果沒想到，完全就是老實人，真是虛有其表啊！」

某人看著我，一臉黑線。

其實他真是被冤枉了，他就是那種對所有人都很好的人，總是把家人、朋友的需求看得比自己還重。以前在家裡上班的時候，樓下有個中年婦女最愛找他聊天，吃飯時都捧個飯碗到他辦公室吃，為此他還贏得了「婦女之友」的美譽。

他對自己喜歡的人和普通的女性朋友都很暖，可那種暖的度是不一樣的，前者是毫無保留、貼心貼肺的，後者則是恰如其分、有一定距離感。這樣的人，用善意對待身邊的每個親友甚至陌生人，和那種對全世界狼心狗肺、唯獨對你掏心掏肺的所謂「暖男」相比，我更喜歡他這種處世方式。

（10）

回想起來，遇到他的時候，正是我人生中最灰暗的時期。上一段戀情傷我傷得特別深，前男友狂躁起來就像暴君，動不動就大發脾氣，我們猶如針尖對麥芒，誰都不會退讓。

和他在一起後，我才發現，原來好的愛情可以讓人如沐春風；原來愛情不單單能致鬱，還能治癒；原來和對的人在一起，可以這樣自在歡喜。

他真的治癒了我。

我從小有感情方面的匱乏症，爸爸媽媽的脾氣都有點兒偏簡單粗暴，在跟他一起生活後，我才領略到被人捧在掌心呵護的愛是什麼樣子。

我們相識超過十五年，相愛超過十年，這些年裡，他對我從未疾言厲色過，吵架時頂多跑出去生生悶氣，回來時又是雲淡風輕的樣子。

我晚上睡覺有踢被子的習慣，冬天他總會起來幫我蓋幾次被子，早上我還賴在床上時，他起床會習慣性地幫我掖被子。

我是資深痛經患者，每次「姨媽」來的時候，他都會幫我泡好紅糖薑茶，替我準備好止疼藥。還照著網上說的為我按摩穴位，雖然沒什麼用，但還是讓人心裡暖暖的。有一次我疼得迷迷糊糊的，都快睡著了，他還在那裡一絲不苟地按著。

熟悉我的朋友都知道，我任性、驕傲，發起脾氣來火暴得嚇人，就是這樣一個不溫柔、不漂亮的我，卻始終被他全心全意地寵著，寵得無法無天。

有時候我忍不住問他：「如果你喜歡的是另外一個女孩子，會不會對她也這麼好？」

他低聲說：「可是，我喜歡的是妳啊！」

相愛這麼多年，不可能沒有摩擦，嚴重的時候我甚至想過是不是分開算了。可每次都捨不得，因為我心裡很清楚，再也沒有一個人，會比他對我更好。

就像梁靜茹在一首歌裡唱的那樣：全世界你最溫暖，肩膀最讓我心安。

小時候看《紅樓夢》，最喜歡寶玉那樣溫柔的男子。沒想到長大後，我居然碰到了和寶玉一樣對萬事萬物都溫柔相待的男人。縱然全世界都愛霸道總裁，我還是覺得，溫柔是一個男人可以給予女人最珍貴、最稀缺的品質。

寫下這些碎碎念的話，是想告訴所有姑娘，縱然妳曾經為愛心碎過，也永遠不要對愛情失望。總會有一個人，愛妳如生命；總會有一個人，讓妳能夠原諒之前的生活對妳所有的刁難。

別去懷疑，這世上，確實存在美好的愛情。

你只有相信，奇蹟才會降臨。

34 別讓你的愛，變成對方的負累

學妹雯雯最近談戀愛了，可能是因為我寫過一些情感類的書，她有時會將我看成半個情感導師，有什麼感情問題都愛找我傾訴。

起初，對於這類問題我還是能耐心解答的，可最後的結果，往往是以我陷入抓狂告終，我們聊天的畫風通常是這樣的——

雯雯：我給他發微信，他為什麼總是做不到秒回？

我：也許他在忙吧，妳不是說過他工作特別忙嗎？

雯雯：說是這麼說，可一個人再忙，也不會忙得連微信都沒時間回吧！

我：那他最後回了妳沒有？

雯雯：回是回了啊，但那都是一小時之後的事了。

我：他有沒有跟妳說為什麼回晚了？

雯雯：不就是說工作忙嘍！

我：那妳可以在他不忙的時候再給他發，比如晚上啊！週末啊！

雯雯：那我做不到，我想他的時候就得給他發微信。

我：那妳多久想他一次呢？

雯雯：學姐，不怕丟臉地說，我二十四小時都在想他啊！

我：那妳也不能二十四小時都給他發微信吧，畢竟人家還要工作。

雯雯：我已經儘量控制自己了，可有時太想他了還是忍不住啊！

我：所以妳到底多久給他發一次微信呢？

雯雯：一般半小時發一次吧，我控制不住我自己。

我：……

戀愛中的雯雯，除了為男朋友發微信不秒回煩惱，還有一大堆諸如此類的煩惱，比如：男朋友為什麼週末寧願宅在家裡打遊戲，也不願意陪她去逛街？男朋友為什麼偶爾下班後會去酒吧和狐朋狗友們一起看球，而不是天天和她廝守在一起？她想不通，自己為了男朋友，可以拒絕閨密們的一切邀約，只為了他無意中說起想喝湯，就可以花整個下午為他煲一鍋老鴨蘿蔔湯。她永遠把他放在第一位，恨不得二十四小時都跟他黏在一起，可他居然對她說：給我一點兒私人空間好不好？

「Excuse me？要私人空間的話，還談戀愛幹嘛？」說起這些，雯雯總是有些怨念，她不止一次抱怨：「我這麼愛他，他卻寧願一個人待著，是不是因為他根本就不愛我呢？」我聽了不禁苦笑，雯雯煩惱的問題，從古至今千千萬萬的女人都為之煩惱過，她們熱烈地愛著一個男人時，總期待著對方能回報給她同樣的熱情，卻忘了，男人和女人本來就完全不同，雙方的思維方式、感情模式完全不一樣。

有關這種差異，毛姆在書裡曾一針見血地指出：「一般來說，愛情在男人身上只不過是一個插曲，是日常生活中許多事務中的一件事，但是小說卻把愛情誇大了，給予它一個違反生活真實性的重要地位。儘管也有少數男人把愛情當作世界上的頭等大事，但這些人常常是一些索然無味的人……男人們即使在戀愛的短暫期間，也不停地幹一些別的事分散自己的心思：賴以維持生計的事務吸引了他們的注意力；他們沉湎於體育活動；他們還可能對藝術感興趣。作為墜入情網的人來說，男人同女人的區別是：女人能整天整夜談戀愛，而男人卻只能有時有晌兒地幹這種事。」

毛姆真是洞悉人性的高手，總結得入木三分。不能說所有女人都這樣，但至少十個有九個是這樣的，剩下的一個可能是董明珠那樣的事業狂。男人就不同了，他們很難把愛情當成人生的全部，你要問一個宅男遊戲重要還是你重要，這比問他掉進池子裡先救你還是救他媽更讓他抓狂。

電影《滾滾紅塵》裡，月鳳對韶華說：「我這樣的女人，是愛情動物，就像Twins的歌裡唱的那樣，戀愛大過天，只要戀愛了，就什麼都不管不顧了。我身邊很多朋友，包括我自己在內，都是這樣的愛情動物。

如何判斷一個女人是不是戀愛腦呢？你只要看她是不是一戀愛就從朋友圈裡消失就知道了，我們常常笑這種女人有異性沒人性，其實自己何嘗不是如此呢？只是程度有輕有重罷了，特別嚴重的那種，就像前文說的雯雯那樣，希望每分每秒都和男朋友膩在一起，哪裡還勻得出時間給朋友，最好連工作和學習的時間都省下來，全部用來談戀愛。朋友算什麼？這時候連爹媽都不認識了，眼裡心裡就只有這個心尖尖上的意中人。

有個成語叫利令智昏，戀愛腦上身的女人則是情令智昏。不管平時多聰明、多理智的人，只要一戀愛，智商馬上等於零，把男人看得比天還大，會為了他放棄一切應酬，隨時待命，也會為了等他一個電話深夜不睡，還會在夢中驚醒幾次只為了看他有沒有回自己的微信。我以前情令智昏那會兒還沒有智慧手機，搞得我每次發了短信後就在那拼命地揍自己的諾基亞，覺得一定是它不靈光所以才沒法收到男朋友的短信。

我總覺得，這類戀愛腦的女生往往心裡都有個黑洞，需要很多很多的愛才可以填滿。可現實中的男人，哪裡能給得出那麼多的愛，畢竟他們除了女人，還有那麼多心愛的事物，可以是遊戲，也可以是事業；可以是足球，也可以是馬拉松。於是女人們就不平了，就失衡了，開始不停地索要，結果卻總是適得其反。

我讀書時有一首張惠妹的歌很流行，歌名叫《原來你什麼都不想要》，那會兒聽的時候年紀太小還領會不了其中的滋味，現在再聽，覺得歌詞簡直就是為我們這類愛情動物量身定做的，大家可以感受一下：

我知道這樣不好，也知道你的愛只能那麼少；
我只有不停地要，要到你想逃。
淚濕的枕頭曬乾就好，眼淚在你的心裡只是無理取鬧；
以為在你身後是我一輩子的驕傲。
原來你什麼都不想要，我不要你的呵護你的玫瑰，
只要你好好久久愛我一遍。
就算虛榮也好貪心也好，哪個女人對愛不自私不奢望……

就像歌裡唱的這樣，女人明知道男人的愛只能那麼少，卻還是渴望著對方能好好久久地愛自己一遍，於是就只有不停地要，要到男人想逃。

很少有女人能理解，男人真的和女人不是一種生物，當她們抱怨男人不夠愛自己時，

男人往往也倍感委屈，因為他們覺得我已經很愛你了，為什麼你還不滿足呢！男人不知道，女人要的不是很愛，而是最愛，甚至是唯一，是你的眼裡只有我。

所以我們抱怨男人愛得太少的時候，是不是同時應該反思一下自己是否愛得太多了一點兒。過多的愛，並不一定會讓對方倍感幸福，反而會成為一種負累，讓對方感到窒息和壓抑。

曾經我嚮往的愛情狀態就是管夫人在《我儂詞》中寫的那樣：「你儂我儂，忒煞情多；情多處，熱如火；把一塊泥，捻一個你，塑一個我，將咱兩個一齊打碎，用水調和；再捻一個你，再塑一個我。我泥中有你，你泥中有我；我與你生同一個衾，死同一個槨。」

可現在我覺得，你中有我、我中有你的愛情太過黏糊了，最理想的狀態是：你就是你，我還是我，我們彼此獨立，而又互相愛慕。

身為女人，我們最大的問題可能就是愛得太多了，我有一個好朋友曾對我說：「我覺得哪個男人都配不上我的深情，好在現在有了兒子，我可以放心地去愛他了，不然那麼多愛根本沒地方放啊！」

其實何苦來哉，少愛一些，自己落得輕鬆，男人們也如釋重負。這裡有一個妙招可以分享給大家，來自我另一個朋友，她的經驗是「一個女人可以同時愛幾個男人，當然是不同層面的愛，有的男人當愛人，有的男人當朋友，有的男人當老師，這樣她就不會過多地愛其中的某一個男人了」。

這話雖然有理，但操作起來估計很難，不如將愛男人的力氣省下來一點兒，用來愛自己、愛工作、愛朋友親人，實在不行的話，愛小貓小狗花花草草都行。總之愛情這東西過猶不及，好的愛情，既要投入去愛的勇氣，也需要愛得剛剛好的智慧。

有一個男閨密告訴我，他的終極夢想就是想找一個努力幹活還不黏人的小妖精，我估計這是絕大多數男人的終極夢想，二十四小時黏著對方的話，只會成為單面膠，讓人厭煩透頂。所以姐妹們，還是朝著這個目標前進吧，即使修煉不成小妖精，至少可以先做到不黏人。

35 有沒有那麼一瞬間感覺被暖到了

每當心情不好的時候，我就喜歡到網上搜集一些正能量的東西。知乎上有一個帖子，簡直就是我的正能量來源，不管有多喪，看看裡面的回帖，都會感覺心中一暖。

這個帖子的主題是「你遇過的最溫暖的瞬間是什麼」，網友回答的都是一些小事，比如快餐店特意在九點後推出打折套餐，讓外來的民工可以用極少的錢吃得飽飽的；比如去支教的老師冬天凍得直哆嗦，班上的學生馬上把自己的手套拿下來給她戴上；比如心情不好時打電話給初戀，她馬上彈了首鋼琴曲給他聽；比如老爺爺先將菜中的辣椒全部夾走，再讓老奶奶吃……

於是我想起了自己生命中那些溫暖的瞬間，也許在別人看來無關緊要，當時卻實實在在地暖到了我。

有陣子我很不開心，一個素未謀面的網友推薦我去看日劇《悠長假期》，還細心地附上了觀看連結。我看了之後，果然很治癒，我現在還記得裡面有一段臺詞：「如果有一段時間覺得處處不順利，你可以這麼想，就當作是很長很長的休假，不要總是盡全力衝刺，人總有不順利，或疲倦的時候，在那種時候，我就把它當成神賜給我們的休假。不必勉強衝刺，不必緊張，不必努力加油……一切順其自然……」

在我還只有四五歲時，跟爸爸住在他教書的學校裡，那時候還沒有電燈，我一個人守在煤油燈邊發呆。這時候爸爸從家裡趕回了學校，帶了一碗糯米飯給我，真是又香又甜，我再也沒有吃過那麼好吃的糯米飯。

學生時代談過一個男朋友，感情算不上太好，唯一有印象的就是有一次他返校後，站在我們宿舍樓下大聲叫我，我下去後看見他站在大太陽底下，滿臉都是汗，眼睛亮晶晶的，手裡還拿著一個保溫杯，見了我往我手裡一塞，就跑了。我回到宿舍打開一看，原來是滿滿一保溫杯的燉雞，可能是我之前無意中跟他說過我最愛吃的就是鄉下的土雞，所以他記在了心上，他從老家坐車到學校，至少得兩小時吧？那雞湯喝進嘴裡還是溫溫的。即便後來我們分手鬧得很不愉快，我還是記得那碗雞湯的滋味，還有他站在烈日下，目光灼灼地盯著我看的樣子。

在邵陽讀師範時，我有一個特別好的朋友，叫阿香。她有一雙烏黑發亮的大眼睛，眼睛裡好像老是有一汪水，看人的時候特別溫柔。有一天我出外遊玩，回來時她塞給我一個雞蛋，尚有餘溫。我才知道，那天是三月三。我們老家有三月三吃雞蛋的風俗，據說吃了能夠聰明健康，阿香那時只有十幾歲，卻記得在街頭買雞蛋時，為我帶一個。

在報社做記者時，有一次和並不熟的男同事一起去鄉下採訪，千年難遇地碰上了下雨。由於是陪同市領導下鄉慰問，整個上午都是在泥濘和風雨中度過的。男同事太高，手長腳長，自然是他負責撐傘。最後我們準備打道回報社時，他特意繞到我這邊讓我先上車，再轉身自己上車。多年以後回憶起來，我還是會想起，在某個飄雨的季節，他為了替我遮雨，從車的那邊繞到了這邊。那段距離，前後加起來不過三米吧！為一個陌生人多走三米的體貼，足以讓我和這個冷漠世界的距離拉近不少。

讀研時在外面兼職上課，有一次學生反映我上課東拉西扯跑題太遠，我很鬱悶，坐在辦公室裡一聲不吭，這時一個並不太熟的男老師突然問我：「妳叫禹媚是嗎？」

我點點頭，因為心情實在太壞，擠不出一絲笑容。

他又問：「禹是讀雨還是愚呢？」

我回答：「讀雨。」心裡已感覺不爽，我懶得去解釋是大禹治水的禹。

不料此君窮追不捨：「妳自己學校那邊沒課了吧？」我點頭，實在是不耐煩。

他繼續問：「在這邊上課還好吧，有沒有什麼壓力啊？」

我不置可否。

我突然聽見他說：「其實學生的話妳不必太放在心上，這個學校的學生就是這樣的，妳陽春白雪就難免曲高和寡，加上眾口難調，很難做到使每個人都滿意的。」

如春雷擊過，我詫異地抬頭，他的話讓我如沐春風：「以後妳上妳的課，不想上了就讓他們自己做作業，或者寫篇文章什麼的，關鍵是自己要輕鬆一點兒，不要太認真了。」

我現在還記得，他叫曾苗，當時新婚不久，臉圓圓的，很可愛。在此之前，我們除了點頭微笑打招呼，似乎從來沒有說過話。

我們的交談到此結束，坐校車的時間到了，我也不那麼難過了。和親朋好友的關懷相比，來自陌生人的小小善意，總是能使我們對生活不那麼絕望，覺得世上還是充盈著愛和溫暖的。

回想起來，我接收過的善意和溫暖，可能要大過我給出的，但也有一些人表示，因為我一次無意的舉動，曾經溫暖過他們。

小學時的班主任特別暴躁，動不動就讓學生留堂，髮小小爭素來是個乖乖女，可有一次她忘記寫作業了，也被老師留下來抄寫三遍。從學校到我們村是一條荒無人煙的山路，我擔心她寫得太晚回去害怕，於是就自告奮勇留下來陪她，在班主任的積威之下，我不敢進教室，只能趴在窗臺上看著她一遍遍地抄寫。等她寫完後，太陽就快下山了，我們手拉著手一起走回家，經過山路時，就大聲唱歌給彼此壯膽。多少年以後，她告訴我，當時她怕得要死，幸好我願意陪著她。

有一次好朋友失戀了，從遙遠的地方給我打電話，哭得稀裡嘩啦的，我不知道怎麼安慰她，只好說：「我唱首歌給你聽好不好？」然後我就對著電話，大聲地唱了一首張信哲的《別怕我傷心》。可能是我唱得太投入，好朋友漸漸不哭了。後來她告訴我，那次還蠻感動的，但是我選的歌實在太糟糕了，明明知道她是因為男朋友劈腿才分手的，還對著她唱什麼「你和他之間是否有了真感情，別隱瞞對我說別怕我傷心」，要不是知道我不是存心的，她肯定和我翻臉。我一臉尷尬，其實當時唱那首歌，純粹是因為開頭的兩句，「好久沒有你的信，好久沒有人陪我談心」。

開始在網上寫東西後，我經常會收到一些讀者的私信。有一次，一個小讀者對我說：「小姐姐，今天是我的16歲生日哦！」我立即給她回覆了一段話，大意是祝她生日快樂前程似錦之類的，片刻之後她回覆我說：「這是我收到過的最好的生日祝福，因為以前我也給喜歡的作家發過私信，但從來沒有人回覆過我，妳是頭一個願意回覆的人。」

這些暖人的瞬間，其實都是一些特別細微的小事，卻足以在我們原本陰鬱的心裡灑下一線陽光，讓我們感覺到世界很美好，人間很值得。日本漫畫家小池一夫在臨終前說過這樣一段話：「我曾經因為別人微小的惡意感到震驚和受傷，也曾經因為別人微小的善意喜極而泣。所以，這些微小的善意其實比我們自己想像的更有力量，請大家毫不吝嗇地發散善意吧！在我們不知道的某個地方，肯定有人會因為我們的善意感到幸福的。」這其實就是我們古話中所說的「勿以善小而不為，勿以惡小而為之」。

餘生，做一個不吝惜於散發善意的人吧，哪怕是極其微小的善意，也可以給人帶來真真切切的感動。你可還記得，你這一生中，曾被誰溫暖過，又曾經溫暖過誰呢？這些暖意融融的回憶，任何時候拎出來，都是我們抵抗歲月風霜的最佳手段。

36 別拿「毒舌」當有趣

不知道從什麼時候開始，「毒舌」似乎成了一種風尚，關注的公眾號裡面，不乏冠以毒舌之名的；認識的人裡面，也總有些愛走毒舌路數的。抖機靈和吐槽是他們的日常，仿佛不如此的話，就不足以彰顯他們的聰明和睿智。

別說，每個人的身邊似乎都隱藏著一個以毒舌自居的奇葩。

你穿了一件無袖的衣服，會有人含譏帶諷地告訴你：「你不知道無袖這種衣服，是專門為手臂纖細的人量身定做的嗎？」

你產後發福去參加同學會，碰到一個二愣子男生，他直言不諱地告訴你：「某同學啊，胖成這樣還來參加同學會，是對我們男生的集體不尊重啊！」

你換了一個御姐範的頭像，口紅用的是斬男色，卻有人專門給你發私信說：「你這頭像也太嚇人了吧，看起來像個吸血鬼，還是剛吃完孩子的那種。」

你難得在朋友圈裡秀恩愛曬一張和男朋友的合影，結果卻有人在下面評論說：「難怪你之前一直不肯曬合影呢，你男朋友長得也太像小岳岳了吧！」

你好不容易鼓足勇氣辭職去創業，有人聽了這個消息後，特意轉給你一篇文章《上輩子造了孽，這輩子去創業》，還幽幽地提醒你：「我聽說，今年某棟樓有十個人跳樓，其中九個都是創業的。」

你拉到一筆風投（風險投資）正高興著呢，卻有人冷颼颼地說了一句：「只要碰到風口，豬都能飛上天啊！」

……

這種例子簡直舉不勝舉。我不明白，這些人是不是梁靜茹給他們的勇氣，所以諷刺起別人來肆無忌憚。如果你說他說話難聽，他還會反過來指責你不懂幽默。朋友圈裡，總有一兩個毒舌男或者毒舌女，但奇怪的是，當大家往一個人身上貼毒舌標籤時，他往往不以為忤，反以為榮，有時還沾沾自喜地標榜說：「我這個人就是比較毒舌。」對於瞧不上的人，他甚至還翻一個老大的白眼說：「你都不配被我毒舌！」

敢情這些人是把毒舌當成了幽默啊，而且是很高級的那種。之前我不太明白什麼是毒舌，後來才發現，原來大多數人所謂的毒舌，就是各種懟人啊，而且是花式懟人，懟得越厲害，就越能表明他功力深厚，彷彿不把人往死裡懟，就不能顯示他的高智商。不信你觀察一下，朋友圈裡那些以毒舌自居的人，是不是都有一種智力上的優越感，而他們用來展示這種優越感的方式，就是將對方懟得毫無還手之力，從而覺得自己在智商上碾壓了對方。

為此我還特意百度了一下，百度百科上關於毒舌的解釋是這樣的：「毒舌的含義並不同於一般意義上的說髒話、爆粗口、語言侮辱等。毒舌的直接效果是挑他人的缺點進行中傷或者打擊他人的自信心。在相當多的情況下，毒舌行為可以看作一種特殊的、過火的吐槽。」毒舌也算是一個舶來品吧，這個詞語起源於日本。

看到這兒我終於恍然大悟，原來毒舌就是我們通常所說的刀子嘴啊，只不過換了一個馬甲而已。毒舌和幽默，看上去很像，實際上差之毫釐，謬以千里。簡單來說，以毒舌自居的人往往以攻擊他人為樂，幽默的人卻寧願自嘲，也不會把挖苦他人當笑料。

林語堂是第一個把英語「humour」翻譯成中文「幽默」的人，他本人也是公認的幽默大師，但他從來不會把諷刺別人當成幽默。太太廖翠鳳愛嘮叨，每當她嘮叨得過分時，他就笑著來一句：「我以為我已經小學畢業了。」女兒們的鋼琴老師是一個戴假髮的老小姐，眼睛有點兒突出，孩子們在背後叫她「突目金魚」，他聽了後很嚴肅地說：「不要笑她，老小姐最可憐，現在男女談自由戀愛，不肯讓父母親為他們做媒，所以才有老小姐。從前，不管一個女人長得怎樣，都嫁得出去。」

世人常把幽默等同於毒舌、滑稽，其實幽默和毒舌、滑稽是不一樣的，毒舌容易流於刻毒，滑稽容易流於淺薄。林語堂認為，最上乘的幽默，自然是表示「心靈的光輝與智慧的豐富」，欲求幽默，得先有深遠的心境，帶一點兒我佛慈悲之念頭，說話作文火氣都不要太盛，聽了讀了的人才能會心一笑。

也就是說，懂得幽默的人會讓人笑，只懂毒舌的人卻只會讓人尷尬甚至憤怒。如果偶爾毒舌一下還行，可以調節下氣氛、增添點兒歡樂，但如果一個人老是嘴上沒把門的，把攻擊他人當成理所當然，恕我直言，這樣說話的人滿滿的都是惡意，就別怪大家討厭了。有些東西不要以為換了個馬甲，就能變得冠冕堂皇，有些人自詡的毒舌，其實就是嘴欠，就像有些人自認為的真性情，其實就是沒教養。

荒唐的是，外來的和尚好念經，從外面傳來的概念也吃香，很多嘴欠的人一旦被冠以毒舌之名後，不但不反躬自省，反而揚揚自得，自以為掌握了一套新型的話術，分分鐘可以用言語傷人於無形。這些人還抱成一團，互相交流心得，於是網上一個個毒舌小組橫空出世，大夥兒可勁兒地比著誰的嘴更毒，還美其名曰語言藝術。

拜託啊，你是不是對語言藝術有什麼誤解？我所理解的語言藝術，就是好好說話的技巧，而某些人推崇的毒舌，追求的就是如何把話說得難聽，這和語言藝術完全是背道而馳的好嗎？

在這種風氣下，很多人都喜歡拿毒舌當有趣，你要是領略不到其中的趣味，那就證明你是一個無趣的人。事實上，這類人通常都是雙標的，他那套標準只是針對別人而不是自己，也就是說，只能他吐槽你，你不能吐槽他；只能他諷刺你，你不能諷刺他。如果誰對著他毒舌的話，我保證他一定會暴跳如雷、火冒三丈。

「我不就是毒舌了點兒嗎？」這是他們掛在嘴上的口頭禪，他們往往忽略了自己無意中說出的一句話，給別人造成了多大的傷害。

語言的殺傷力是很大的，還是古話說得好，「良言一句三冬暖，惡語傷人六月寒」。說話帶刺的人總以為自己在語言方面佔有優勢，卻不知道，話說得不中聽，是一件傷人傷己的事。老實說我以前也是這樣，仗著有幾分小聰明，說話喜歡抖機靈，時不時就愛拿親朋好友尋開心，造成的後果就是大家一聽我說話就有點兒怕。直到最近幾年，我才意識到這個問題，當我儘量避免去說傷人的話後，我發現身邊的人和我相處起來愉快多了，朋友們也更喜歡我了。

那天看清朝人王永彬寫的《圍爐夜話》，裡面寫到這樣一句話：「氣性乖張，多是夭亡之子；語言深刻，終為福薄之人。」後半句的意思大致就是，講話尖酸刻薄的人，可以斷定他沒什麼福分。

讀到這裡我不禁悚然一驚，感歎此人寫的真是醒世恒言啊。人是一切社會關係的總和，說話難聽的人註定擁有不了和諧的人際關係，福薄就是必然的了。熟悉我的人都知道，我是黛粉，很喜歡林妹妹，可我也不得不承認，林妹妹的一大缺點就是說話太過尖酸，所以她在賈府的人緣遠遠不如待人忠厚的薛寶釵。我所欣賞的民國女作家蘇青，也是出了名的牙尖嘴利，比如她吐槽冰心：「我從前看冰心的詩和文章，覺得她很美麗，後來看到她的照片，原來非常難看，又想到她在作品中時常賣弄她的女性美，就沒有興趣再讀她的文章了。」她又諷刺同時代的女作家潘柳黛：「你眉既不黛，腰又不柳，為何叫柳黛？」毒舌成這樣，肯定落不了好，所以在她後來落魄時，沒有什麼人願意向她伸出援手，和她的好朋友張愛玲一樣，她也是在貧病交加中黯然離世的。

毒舌這種事，除了逞一時口舌之快，真的是殺敵一千，自損八百，既刺傷了對方，又折損了自己的福分。對於毒舌慣了的人，要他好好說話可能很難，但是至少可以先做到一點，那就是不故意去說傷人的話，不刻意去給別人添堵（這也是我對自己的最低要求）。你下次還想吐槽別人的時候，請先記住，沒有人喜歡給自己添堵的人，我相信你也一樣，所以積點兒口德吧！

37 我想抱抱小時候的爸媽

爸爸媽媽真的老了。

人老了，最大的特徵是變得囉唆了，每次打電話，絮絮叨叨，總是說那些事。剛說過的一句話，沒過兩分鐘他們又重複一遍。

上一次我媽給我打電話，開頭一句是：「要是不舒服你要記得去醫院看看啊！」快掛電話時，她臨了又補一句：「一定要去醫院看看啊，樓下的那家健民藥店有個老中醫就挺好。早點兒去，免得排隊。」

說她囉唆她還不承認。關於她去北京旅遊的事兒，念叨了起碼上百遍，每個細節都翻來覆去地描述，以致於她一說登長城，我就能接著說：「我知道，你去的那回，好多外國人背著小孩在那登長城。」她聽不出我的言外之意，還喜滋滋地補充：「是啊，都是粉紅色的外國小毛頭，太好看了。」我心裡很不以為意。

這些陳芝麻爛穀子的事，我都聽得兩耳幾乎生繭了。

不過也有聽不厭的，我喜歡聽爸媽講他們小時候的事。

爸媽的童年記憶離不開兩件事，一是勞動，二是饑餓。

媽媽有八個兄弟姐妹，家裡人口太多，分到每個人嘴裡的口糧就太少了。但那時候至少能吃飽，只是沒有足夠的大米，只好用雜糧來代替。媽媽印象最深刻的記憶就是吃紅薯。她告訴我，早上吃的是「整豬整羊」，意思是只吃蒸紅薯；中午是「芝麻拌糖」，意思是在飯上蒸一點兒紅薯；晚上則是「吹吹打打」，吃的是煨紅薯，需要拍灰吹打。

媽媽說這些的時候，眉飛色舞，繪聲繪色。我一直認為，她有做民間說書人的潛質。作為聽眾的我，很為八個兄弟姐妹怎麼搶食著急，想當年，我和弟弟沒少為搶好吃的打架。聽到我的問題，媽媽白了我一眼：「哪會搶啊，一個個都可懂事呢，只吃自己的那份。想著要讓給大人吃，大人要幹活啊！要是有客人來的話就不上桌。」

物質生活這麼艱苦的童年，也有快樂的一面。

在媽媽的記憶中，他們兄弟姐妹都很友愛，小舅小時候奶不夠吃，姐姐們就拿開水泡餅乾餵給他吃，餵得又白又胖的。小舅是一個饞小孩，如果哥哥姐姐們有什麼好吃的不給他，他就順勢往地上一滾，說：「你以為我不會生氣打滾啊？」大家都笑他：「可別這樣，把地上的灰都滾走了。」他一得意，反而翻滾得更厲害了。小舅現在不苟言笑，一年四季喝得醉醺醺的，想不到小時候居然這麼萌。

媽媽是大姐，經常要帶著弟弟妹妹去田間山上找吃的。這對小孩子來說是件很快樂的事，那時哪有什麼零食啊，鄉間孩子的一點兒美味都是拜山野所賜。

媽媽說，她小時候到處都是野生的團魚（甲魚），有時去草地裡玩，都能踩到個團魚。他們趕緊提回家，讓外婆宰殺，幾個小的吃肉，大的分口湯喝。

那湯真是鮮美啊，媽媽數十年後提起來仍念念不忘。

爸爸口才沒媽媽好，也不習慣和兒女拉家常，所以關於他童年的事我都是聽奶奶和媽媽講的。爸爸和媽媽一樣，也出生在一個大家庭裡，有五個兄弟姐妹，他也是老大。爺爺四十來歲就患病去世了，那時我最小的姑姑只有兩歲。

窮人家的孩子早當家，有句話說少年老成，爸爸從童年開始就十分老成。

奶奶有一次回憶說，爸爸很小就顯示出勤勞的本性，他只有三四歲時，就一個人拿著小刀上山去砍柴。力氣太小砍不動大樹，他只能砍低矮的灌木，砍了後整整齊齊地紮好背回家，一小捆一小捆地壘在廚房門口。知道的人都稱讚他了不起，幹起活來比有些大人還有模有樣。

每當我聽到這個故事，心情都十分複雜，有一點兒心酸，但更多的是驕傲。

我想像著兒童時期的爸爸，揮舞著小刀奮力砍柴的樣子。他是不是跟弟弟小時候一樣，有著蘋果般的圓臉和一雙短肥的小手呢？大山裡的灌木，一定比那時的他還要高吧！

正是因為這樣的勤勞勇敢，我爸一直挺瞧不上我和弟弟，覺得我們又懶又饞，連雙襪子都洗不乾淨。在老家時，我和弟弟都愛睡懶覺，迷迷糊糊中就聽見爸爸清早起來拖地擦玻璃打掃屋子，一邊打掃，一邊罵罵咧咧：「都這麼懶，不是我，這個家就成豬窩了。」在勞動方面，他的要求近乎完美，連我媽幹的活他都不滿意。

這麼勤勞勇敢的爸爸，童年時也會犯全天下的小孩都愛犯的毛病——愛吃。

有一次在飯桌上，媽媽無意中說起了爸爸小時候的一樁往事。那時正是困難時期，家裡沒飯吃，奶奶好不容易找來一些乾枯的紅薯藤磨成粉，做成黑漆漆的蒸糰子。

這樣的糰子能有什麼好吃的？

可爸爸就是要吃。那時候家裡的口糧都是要優先給大人吃的，大人吃了飯才有力氣幹活。爺爺見爸爸這樣不聽話，就提著他把他浸到了水裡。誰知爸爸一從水面浮出頭，還是哭著說：「我要吃糰子！」如此浸了幾次，不管他怎麼哭，糰子還是沒吃著。

聽到這裡的時候，我看著一桌子的菜，再也吃不下去，眼淚吧嗒吧嗒地掉到了飯碗裡。我真想把桌上的豬血丸子、粉蒸排骨通通讓給小時候的爸爸，想吃多少就吃多少，那樣的話他就不會堅持要吃紅薯藤做的糰子，更不會被爺爺提著往水裡浸了。

曾經有一個爛大街的問題是，「假如可以穿越時空，你最想去哪個時代生活」。

我現在已經過了迷戀穿越劇的年齡，但如果有機會穿越時空的話，我倒是很想回到爸媽的童年時代。我想看看爸爸媽媽小時候是什麼樣子，想給媽媽送去一件漂亮的花衣服，想捎一碗紅燒豬蹄給一直吃不飽的爸爸，想陪著他一起上山去砍柴，在皎潔的月光下，一人背著一小捆柴唱著山歌走回家。

亦舒的小說《朝花夕拾》，就講述了這樣一個故事。生活在2035年的女主人公的生活乏善可陳，和母親的關係尤其不佳，她總是嫌母親太過守舊囉唆。

偶然的一次車禍讓她穿越到了多年以前，那時的母親尚是一個不足5歲的幼兒。真奇怪，她嫌棄自己年老的母親，但對幼年時期的母親卻無比體貼。

這是我讀過的亦舒寫得最動人的一部小說。很多人都像小說中的女主角一樣，覺得父母面目可憎、言語無味。我們都忘了，即使是現在垂垂老矣的人，也有過童年啊，他們也曾被父母捧在掌心，他們也曾有過胖嘟嘟的臉蛋和小手。所以，當你厭倦他們的時候，想想他們的小時候吧，也許你會對他們多一分理解和溫柔。

現實不是科幻小說，人們不可能像小說《朝花夕拾》中的女主角那樣穿越時空，去愛護幼小的母親。我們只能眼睜睜地看著父母一天天老去，變得衰弱，有一天，他們會變成嬰兒的狀態，喜歡生氣，需要人照顧。

我不知道，上天還能給我們多少時間相處，但是，且讓我在剩下的每一天裡，守護你們，愛惜你們，就像你們一直這樣守護著我，愛惜著我，讓我們彼此溫柔相待。

38 那些路過心上的味道

前不久，應好友楊同學之邀，我帶著媽媽和寶寶去她家吃飯。剛認識那會兒，楊同學一直不忘吹噓自己的廚藝，後來我總算見識到了，她所謂的廚藝就是一鍋燴，不論春夏秋冬都以火鍋待客。這次照例也是火鍋，不過材料特別豐盛，光是火鍋裡的食材，就有腐竹、海帶、凍豆腐、魚頭、午餐肉和各類蔬菜，還有從湖北快遞過來的臘肉，此外還蒸了香腸，拌了蕨菜。

除了我們兩家人，還有初次見面的朋友，舊友新知，圍著熱氣騰騰的火鍋共話家常，和下館子相比別有一番風味。我一直覺得，「請你到家裡來吃飯」意味著友誼的一個里程碑。

初相識的朋友，往往是在外面找一家小館子相聚。等到關係日漸親密，就會請對方到家裡嚐嚐媽媽做的菜。而衡量友誼的最高標準之一，應該是到了好朋友的家裡，可以嚷著說：「阿姨，我想吃你做的酸蘿蔔炒豬大腸！」

像我這種拖家帶口兩手空空上門去吃的，不消說，是吃準了我們的友情到達了一定階段。

女人之間的友誼，不像男人那樣粗枝大葉，往往是在一飯一蔬的細節處見真章。從這個角度來說，只有熟諳了彼此媽媽最拿手的家常菜，才當得起「情同姐妹」這四個字。

說到在家吃飯，廣東人有一個非常傳神的說法，叫「住家飯」，簡簡單單三個字，盡含了家的溫暖可親，比通常所說的家常菜更為形象親切。可惜的是，儘管客居廣東多年，但我從來沒有到本地人家中吃過「住家飯」，倒是常去同樣客居此地的湖南老鄉家吃飯，這是否說明了，我們終究是這裡的異鄉人，註定無法從此處獲取老家唾手可得的鄉情？

倒是有朋友生了小孩後，我上門去探望時，曾吃過當地阿嬤煲的豬腳薑。此地風俗，凡坐月子的女人必須每天都吃豬腳薑，裡面還放薑醋蛋，做法和我們的糖醋排骨有點兒像，漿汁甜稠，吃多了有點兒膩人。可當時我初嚐時，只覺得大為驚喜。也許是因為，那是我第一次嚐到廣東人親手做的家常菜。

我是喜歡去別人家裡吃住家飯的，這點可能是受父母影響，他們都是熱情爽朗的人，最愛留人吃飯，也愛去別人家做客。幼年時，我最愛往隔壁的義奶奶家裡跑，她家小孩多，一年四季都蒸有甜酒，也就是一般所說的醪醩（酒釀）。

小小的我總是一到她家裡就往桌子邊上跑，嘴裡還喊著：「義奶奶，上甜酒……」慈眉善目的義奶奶聞訊就會端出一碗甜酒。印象中她總是笑眯眯的，從未厭煩過我的嘴饞。

讀初中那會兒，我常常去爸爸的同事劉老師家吃飯，甚至一度留在她家裡睡覺，在同吃同宿中和她的兩個女兒建立了深厚的「革命友誼」。

劉老師舉家嗜辣，所有的菜都是重油重辣。她做的辣子炒雞要放兩種辣椒，乾辣椒用來調味，新鮮紅辣椒用來配色。雞都切成小小的丁，掩映在一片紅中，分外香辣誘人。我曾經戲言，劉老師做的辣子炒雞其實是雞炒辣子，主次易位了。後來我每次去她家，劉老師都會專門為我做這個菜，她總是記得「阿媚最愛吃辣子炒雞」。

我愛吃住家飯，愛的就是那份家常和隨意。在外面吃飯時總是有諸多拘束，酒樓就不用說了，上檔次點兒的連大聲說句話都不行，即便是大排檔，也不如家裡來得隨意。和朋友在家裡相聚，永遠不用擔心飯店何時打烊，更不用管吃相如何。相熟的朋友在一起，想怎麼吃就怎麼吃，想怎麼坐就怎麼坐，吃飽之後，坐臥隨意。這時再泡一壺清茶，品茶夜話，真是人生至樂。

所以民國時期的人愛在家裡舉辦沙龍，不過我疑心他們的沙龍是清談沙龍，頂多就是一個茶話會。當時最受熱捧的沙龍女主人是林徽因，她看上去不食人間煙火，我私心以為，如果她能有一手好廚藝，也未嘗不能為沙龍增色。

如果要選一戶人家去做客，我多半會選擇去《浮生六記》中的芸娘家。芸娘雖然家貧，但善於花很少的錢做出可口的菜，「瓜蔬魚蝦尋常物，一經其手」，便有「意外味」。很多文人對她所精心製作的梅花食盒津津樂道，我卻更喜歡她各種怪異口味的兼容並包。書中記載她喜食豆腐乳和蝦鹵瓜，沈三白嫌醜，芸娘便用鹵瓜搗爛拌鹵腐，加少許麻油、白糖，做成「雙鮮醬」，沈三白也漸漸愛吃。芸曰：「情之所鐘，雖醜不嫌。」

這句話真是戳中了吃貨的死穴啊。吃貨就是這樣，「情之所鐘，雖醜不嫌」，所以我縱然披著女文青的皮，喜歡吃的卻是文青們所不屑的各類食物，比如說，臭豆腐和酸蘿蔔炒豬大腸這種「上不了檯面」的東西。作為同道中人，我真想吃吃芸娘做的雙鮮醬啊！

我愛吃住家飯，還因為可以嚐到很多主婦（現在包括主夫）的拿手菜。每個主婦總有那麼幾樣當家菜，做得一手好菜的主婦，就是吸引客人的一大法寶，即便是像薛姨媽這種家裡奴僕成群的，也做得一手好鵝掌，引得寶玉頻頻往她家跑。

過年的時候我去一個同學家拜年，他媽媽做了一桌子的菜，最美味的是一道剁椒蒸魚。剁椒魚頭本是湖南名菜，他們家蒸的卻是全魚，魚切成兩半平攤在一個碩大的盤子裡，足足有臉盆那麼大。鮮紅的剁椒覆蓋著雪白的魚肉，光是賣相就已經讓人流口水了，吃一口更是滿嘴鮮香。

那是我吃過的最好吃的剁椒蒸魚，據說秘訣是魚一定要夠鮮，現買現殺之後馬上上鍋蒸。想想在飯店裡哪可能給你用鮮魚，為了出菜的速度，魚頭往往都是做熟了的，等你點菜後再回鍋蒸一下而已。這就是住家飯的寶貴之處，真材實料，慢火細工，絕不會因為趕時間而倉促烹飪。

我曾經去一個朋友家吃飯，她婆婆本來不善烹飪，可是也有拿手菜「鎮家三寶」。我記得其中「一寶」是白切雞，的確鮮嫩可口，還有「一寶」是豬腳粽，將整個豬腳包入粽中，放高壓鍋裡蒸幾小時才熟透，吃進嘴裡滿口流油，肥而不膩。

古時候有個巧媳婦，據說她能用兩個雞蛋做出四道菜：一道是兩個純蛋黃，搭幾根青菜絲；一道是將熟蛋白切塊排成一字；一道是清炒蛋白；一道是清湯上漂著兩隻蛋殼。這正好對應了杜甫的那首詩——「兩個黃鸝鳴翠柳，一行白鷺上青天。窗含西嶺千秋雪，門泊東吳萬里船。」之所以會想起這個故事，是因為我媽媽也屬於這類巧媳婦，能夠用極少的材料做出一桌子菜。

有一次家裡來了客人，媽媽來不及去買菜了。冰箱裡就剩下一根胡蘿蔔，半根玉米，幾根廣式臘腸，一塊凍肉，還有些鹹菜什麼的，在她手裡居然變出了四道菜：胡蘿蔔炒肉、胡蘿蔔玉米臘腸炒三丁、鹹菜肉湯、臘腸切塊清蒸。

小時候，媽媽更是善於從大自然中找材料，雷雨後的地衣，池塘裡的田螺，還有田壟上的野菜，山間的樅菌，為我們家的餐桌增添了多種鄉野的味道，想必吃過的客人們都還有印象吧！

住家飯也不一定都是如此簡素的，像京城出名的譚家菜，其前身就是譚宗浚老爺子的一位如夫人親手做的住家飯。因其是同治二年的榜眼，又稱「榜眼菜」。那可不便宜，四十金一席，尋常人壓根吃不起。菜式自然也是名貴非凡，最知名的「三味」分別是雞、海參和魚翅，據說蝦子海參特別入味，雞肉純用油燒不加水，魚翅更是味甲京城。當時想吃譚家菜的人得提前訂席，最多兩筵，多了譚夫人也忙不過來。

如今的譚家菜倒是門檻低了許多，普通人也能吃上。

２００８年，我去北京出差的時候曾經和同事去吃過一次，由於預算的問題，一桌人點的菜大多是平價菜，傳說中的「三絕」並未嚐到。不過就吃到的那些菜來看，不僅分量少，而且味道很一般，未免辜負了譚家菜的盛名。可見要吃地道的住家飯，還是得開小灶做小鍋飯，一旦量化生產，就遠離了最初的風味。

39 別害怕和這個世界不一樣

最近我加了一個初中同學的微信群，赫然發現，老同學們對我當年的那些糗事還記得那麼清楚。

一個同學說：「你們誰看過媚當年寫的武俠小說嗎？」

另一個同學說：「當然記得啦，《〈笑傲江湖〉後傳》，班上很多同學都看過，她總是在課堂上寫武俠小說，可惜最後全被老師沒收了。」

有人跳出來說：「我真佩服她，上課總是睡覺，考試還能拿第一。」

又有人說：「還總是和老師們對著幹，當時那個家裡開小賣部的政治老師批判她，我可生氣啦！」

……………

我在群裡一般隱身不說話，但看到這裡默默尷尬了一陣，決定還是跟大家打個招呼，誰知道一現身，居然有人對我說：「女神來了！」

我知道「女神」這個詞現在已經被嚴重濫用了，但再怎麼濫用應該也用不到我身上吧！我讀初中那會兒，長得跟個土豆似的，瑟縮地躲在親戚給我的舊衣服後面，哪點兒都和女神不沾邊。

更令我想不到的是，竟然還有人附和說：「不管是男生還是女生，大家都認為媚是我們的女神。」

在這個群裡，我收穫了有生以來最多且最高的讚美。哪怕在我個人的讀者粉絲群裡，都沒有人這樣毫無保留地讚美過我。

一聊起工作，就有人說：「以妳的才華，在妳們那個小報社混，簡直不用吹灰之力吧！」

我辯解說完全不是這樣，身邊比我幹得好的人多了去了呢！

有人建議我：「妳這樣的人才應該去大城市、一線城市，不然也太屈才了。」

當我抱怨說工作沒什麼意思時，馬上就有同學冒出來說：「不招人嫉是庸才，我相信妳，不幹這個就幹別的，不管妳做哪一行都會是佼佼者！」

佼佼者？估計我上司和同事聽了，都會把大牙笑掉吧！他們肯定完全想像不出，像我這樣一個貌不驚人、平平無奇的女人，究竟是憑藉著什麼讓這些人覺得她是個女神的呢？難道她小時候美貌非凡，現在已經嚴重長殘了？

事實上，我從來都沒做過女神，之所以讓同學們印象深刻，可能是因為我在他們的青春歲月裡，扮演了一個類似怪人的角色。

如果要用一句話來概括我的少女時代，那只能是：她一直致力於讓自己與眾不同。我是好學生中的叛逆者，也是刺兒頭裡面的高分生。我的行徑和一個典型的差生毫無區別，無非是上課睡覺，偶爾蹺課；和老師作對，和同學們拉幫結派，整天把金庸古龍的書放在課本下偷看。等到考試時，我又會搖身一變成為好學生，考出一個不錯的成績。

除了同學們記得的那些糗事，我做過的令人瞠目結舌的事，包括但不限於以下這些——

被體育老師惡意辱罵，體罰後不服氣，拿起掃把衝到他辦公室裡宣稱要打他；

因為頂嘴被生物老師趕出教室，在校園裡笑嘻嘻地遊蕩了大半個月；

和一個男生打架，班主任走過來說，有種你們當著我的面再打，我揚起手就給了那男生一巴掌，氣得班主任發誓再也不管了；

和班上幾個刺兒頭男生結成小團體，模仿當年盛行的古惑仔，時不時地幹些對抗老師、離家出走之類的事，如果沒有記錯，好像還把乖乖女的同桌拉進了這個小團體；

中考前參加縣裡的拔尖考試時，數學留了四十分的題目沒做，理由是「讀書太沒勁了我不想再讀書了」，又一次把班主任氣成內傷，她本來還指望著我能為班爭光呢！

現在想起來，我真是劣跡斑斑啊！

這種種行為，構造出的完全就是一個神經病少女的形象。可在少年們的眼中，沒什麼比與眾不同更令他們印象深刻了。小鎮少年的青春太過平淡無奇，總算有那麼一個閃閃發光的神經病，點綴了他們乏善可陳的中學記憶。他們記得我，可能是再也沒碰到過像我這樣的怪人了。

人年少時，總是太過執著於讓自己表現得很特別，以上說的那些「壯舉」，一小半是出自我的本性，一大半是因為我太渴望與眾不同了。想想看，一個長得不那麼漂亮又沒什麼才藝的姑娘，除了特立獨行，還有什麼辦法能讓她吸引同齡人的目光呢？

就這樣，我成功地讓很多人記住了我，以致於在和初中同學重逢時，總是有人會說，「呀，你當年可真特別啊」。

長大之後，我才發現，原來在成年人的世界裡，「特別」並不一定是一個褒義詞，很多時候，它甚至不是一個中性詞，而是帶著濃濃的貶義。

人們對那些為人處世不符合主流價值觀、不那麼圓滑的人，總是會曖昧地稱之為「特別」。

所以在很長一段時間裡，我最怕聽到的評價就是「妳很特別」。聽到這樣的話，我總會下意識地想：特別什麼呢？特別蠢？還是特別不可救藥？

剛剛長大成人的我，在外面的世界碰得頭破血流，最希望做的事就是磨去身上的鋒芒，以融入社會。

所謂融入社會，說白了就是渴望得到世俗意義上的成功。

人們說，只有那些八面玲瓏、處處討喜的人才有可能混得風生水起。我知道我不是這樣的人，可是為了成為大家心目中的成功者，那就硬著頭皮去學唄！

自古至今的勵志故事都告訴我們：你沒法讓社會適應你，只有你去適應社會。

我曾經花費那麼大的力氣去證明自己與眾不同，到後來，卻花了更大的力氣去證明自己沒什麼特別的。真是難以想像，那個曾那麼害怕自己「泯然眾人矣」的少女，長大後最害怕的事卻是和別人不一樣，多麼具有諷刺意味啊！

那段日子是我生命中最不開心的一段時間，因為我總是在強迫自己和別人一樣。每次我遇到很厭惡的事情，就跟自己說，別人能做到，那麼你也一定能做到，不然你就是一個徹頭徹尾的loser！

我是有社交障礙的人，有一段時間居然為了所謂的人脈，去參加一些很不喜歡的飯局。我坐在飯桌上不時地出神，還得維持著僵硬的微笑。還有一陣，我為自己不會拉廣告感到深深的挫敗，不停地在朋友圈裡問同行：一個拉不到廣告的記者是不是就是一個壞記者？

足足有十來年的時光，為了成為大家眼中的成功者，我費盡了全力，用盡了法寶。結果就是，我不但沒有成功，還陷入了自我厭棄的深淵。那段時間的我，活得就像行屍走肉，又擰巴又焦慮，一點兒都不開心。QQ 的簽名用得最久的話是改自穆旦的一句詩：才知道我付出全部的努力，也不足以完成普通的生活。

當然，這些都是自我認識。在很多人的眼裡，我原本只是一個鄉村女教師，現在能生活在珠三角某個富裕的城市，做著一份看上去還算體面的工作，房子車子也都有，已經達到了我所能達到的極限。

我曾經一次次地問自己：為什麼那麼多人覺得妳過得還不錯，但是妳卻一點兒都不開心呢？

有一次我和朋友小鳳聊天，說到我這些年的擰巴過往，她提醒我說：「媚啊，妳這麼努力，很大程度上是想證明給那些不看好妳的人看，妳遠比他們想像的要優秀。我覺得妳這樣做好可惜，老子說過一句話叫『治人事天，莫若嗇』，人的精力有限，妳為什麼要把精力花在那些不必要的證明上呢？妳只要停下來看一看，就會發現還是有很多人喜歡妳、欣賞妳的啊！」

這話具有醍醐灌頂的效用，但人總要真正經過一些事之後，才會真正覺悟。

這種擰巴的狀態一直持續到去年。去年我們家發生了一件大事，那件事對我和我的家庭來說，稱得上是滅頂之災。

以前在我的人生信條裡，人只要努力就沒有過不去的坎。在那件事發生之後，我才知道，人力再強大，也強不過命運。我們總說人定勝天，這時上天就會安排一些障礙來教會你，有些事情不是你努力就能戰勝的，比如災難，比如疾病。

在那件事發生之後，我常常想，我們永遠不會知道，明天將會發生什麼意外。正因如此，我們活在世上的每天都是如此珍貴。有幸來到這個世界上的人，原本都是獨一無二的，可很多人走著走著，就迷失了本來的自己。

我終於明白，這些年之所以那麼不開心，是因為我把自己弄丟了。

我以為的努力，其實大多數時候不過是在複製他人的生活方式和理想追求罷了。

認識到這一點後，我開始嘗試著找回自己。

在做任何一件事之前，我都會先問自己：「這是妳真正想要的，還是大家認為妳必須做的？」我把更多的精力和時間花在最喜歡的事情上，看看書，寫寫文章。從那時開始，就算每天再累，我都會堅持寫點兒什麼。寫作，是為了不辜負小時候的夢想，更是為了不負此生。

如果一個人的成就有極限的話，那也是竭盡全力之後，才知道自己的極限在哪。與很多人推崇的享受悠閒相比，我其實更享受拼搏時的快感。

很多別人輕易就能做到的事情，我承認自己做不到，但那又怎麼樣，我能輕易做得到的事，別人也未必能做到。你不能讓一隻鳥去游泳，就像不能讓一條魚去飛翔。三歲看老，我從小就是個怪人，長大了再怎麼努力也遮掩不了非主流的氣質。

沒想到放棄對成功的追求後，我反而在某種程度上獲得了自由——以前我總是擔心失業，現在即使失業了，也覺得沒什麼大不了的，我不單靠這份工作掙錢。

從少女時代希望自己和別人不一樣，到如今接受自己和別人一樣，我好像又回到了原點。但是我知道，現在的我已經不再是那個喜歡拗造型的另類少女了，與眾不同也好，庸庸碌碌也罷，我都接受自己本來的樣子。和征服全世界相比，我更願意取悅我自己。

年少時眼高於頂，自以為一伸手，功名利祿就唾手可得。曾設想我30歲的時候，一定已經功成名就，優雅非凡。哪裡想到，如今年過30歲，和成名發財都不沾邊，和優雅更是不沾邊。如果被初中的同學們看到我現在一地雞毛的生活，估計會大跌眼鏡吧！

你看，哪裡有什麼女神，年少時再桀驁不馴的姑娘，最後都難免會墮入凡塵。

慶幸的是，自己還保有年少時的一些品質，比如勇敢、熱血、永不言棄。我沒有做到像期待中那樣的瀟灑如風，卻遠比期待的還要堅韌。在自己真正喜歡的事情上，我從來沒有放棄過堅持。

很多年以前，一個姐姐用「有妹如劍」來形容我，可見小時候的我多麼鋒芒外露。現在的我已經懂得把鋒芒收斂於內心之中。別人看不出來最好，我自己知道它還在就好。

我有時也嫌自己不美、懶惰，不夠樂觀和堅定，我承認我有很多缺點，我也期待著自己能夠變得更美好一些、更豐富一些。但是如果時光重來，我想我必定還是只能成為現在的自己，在遙遠的初中時代，這個我已經顯示她最初的面貌。

儘管現在的我還是有種種的不完美，但我喜歡這樣的自己。要知道，讓一個長時間厭棄自我的人能夠喜歡自己，那是多麼不容易。

在通往墳墓的路途上，我希望能勇敢而坦蕩地迎接每一天，面目越來越清楚。我願為此付出任何代價。這是我28歲生日時寫給自己的寄語。很高興，至少到目前為止我做到了。

TITLE

願你擁有一張不好欺負的臉

STAFF

出版	瑞昇文化事業股份有限公司
作者	慕容素衣
總編輯	郭湘齡
責任編輯	張聿雯
文字編輯	蕭妤秦
美術編輯	許菩真
封面設計	許菩真
排版	洪伊珊
製版	明宏彩色照相製版有限公司
印刷	桂林彩色印刷股份有限公司 紘億彩色印刷有限公司
法律顧問	立勤國際法律事務所　黃沛聲律師
戶名	瑞昇文化事業股份有限公司
劃撥帳號	19598343
地址	新北市中和區景平路464巷2弄1-4號
電話	(02)2945-3191
傳真	(02)2945-3190
網址	www.rising-books.com.tw
Mail	deepblue@rising-books.com.tw
初版日期	2021年12月
定價	320元

ORIGINAL EDITION STAFF

出版	青島出版社
責任編輯	李文峰
特約編輯	崔悅
校對	耿道川
裝幀設計	蔣晴
照排	李紅豔

國家圖書館出版品預行編目資料

願你擁有一張不好欺負的臉/慕容素衣作. -- 初版. -- 新北市：瑞昇文化事業股份有限公司, 2021.11
288面；14.8X21公分
ISBN 978-986-401-524-5(平裝)

1.人際關係 2.成功法

177.3　　110016232

文化部部版臺陸字第110341號